LES HUYNH

Schnelle asiatische Küche

SUPPEN, SALATE & WOKGERICHTE

Bassermann

INHALT

VORWORT	06
01 ASIA**SUPPEN**	10
02 ASIA**SALATE**	66
03 ASIA**PFANNEN**	104
REGISTER	159

In diesem Buch zeige ich Ihnen, wie Sie bei sich zu Hause asiatische Köstlichkeiten zubereiten können, so original wie aus dem Asia-Schnellimbiss, aber um vieles frischer und gesünder! Die Rezepte sind Variationen traditioneller asiatischer Rezepte. Für alle brauchen Sie Nudeln – eine wunderbar vielseitige Zutat, die ich für Suppen, Salate und Pfannengerichte verwende. Die meisten Zutaten gibt es in jedem asiatischen Feinkostladen. Improvisieren Sie aber ruhig, wenn Sie etwas nicht finden! Es geht ja beim Kochen nicht um das Wörtlichnehmen von Rezepten, sondern um Kreativität und Leidenschaft. Hauptsache, das Ergebnis sieht verlockend aus und riecht und schmeckt köstlich. Alle Gerichte können als Hauptmahlzeit oder als Bestandteil eines Asien-Menüs serviert werden. Wenn bei einem Rezept zwei bis vier Portionen angegeben sind, reicht es für zwei Personen als Hauptspeise oder für vier Personen im Rahmen eines Menüs.

01 ASIA SUPPEN

Suppen werden in Asien zu jeder Tages- und Jahreszeit gegessen. Als Kind in Vietnam habe ich zum Frühstück gierig dampfend heiße Pho Rindfleischsuppe geschlürft, sogar mitten im Hochsommer. Diese typisch vietnamesische Suppe voll dünner Rindfleischscheiben und Reisnudeln und bestreut mit frischen Kräutern war immer eines meiner Lieblingsgerichte. Viele der Rezepte in diesem Kapitel basieren auf den traditionellen Suppen meiner Heimat, andere sind inspiriert von der chinesischen, malaysischen oder thailändischen Küche. Manche Suppen ergeben eine reichhaltige Hauptmahlzeit, wie die Curry Laksa auf Kokosmilchbasis mit Huhn und Riesengarnelen, andere sind leichter, mit klarer, würziger Brühe, die von innen wärmt. Nudeln wie dicke Eiernudeln geben der Suppe mehr Volumen, während andere, wie dünne Reis- oder Glasnudeln, die verschiedenen Aromen aufnehmen. Ich selbst koche Suppen am liebsten am Wochenende, dann kann ich mich in Ruhe der Brühe widmen, die schließlich der wichtigste Bestandteil der Suppe ist.

GRUNDREZEPTE

Hühnerbrühe

2 kg **Hühnerkarkassen**
2 Scheiben **frischer Ingwer**
2 **Frühlingszwiebeln**, grob gehackt

Die Karkassen vollständig von Fett befreien und kalt abspülen.
Alle Zutaten mit 3 Litern Wasser in einen großen Suppentopf
geben und zum Kochen bringen. Die Hitze reduzieren,
so dass die Brühe nur noch sanft köchelt. Schaum und
Fett an der Oberfläche während des Köchelns immer
wieder abschöpfen.

Brühe 2 bis 2½ Stunden köcheln lassen.
Ca. 10 Minuten abkühlen lassen und dann durch
ein feines Sieb gießen, so dass alle festen
Rückstände entfernt werden. Die Brühe ist bis zu
3 Tage lang im Kühlschrank haltbar oder
(portionsweise eingefroren) 6 Monate lang
in der Tiefkühltruhe.
Ergibt ca. 2,5 Liter

Tamarindensaft

150 g **Tamarindenmus ohne Kerne**
300 ml **heißes Wasser**

Das Tamarindenmus mit dem heißen Wasser übergießen
und 15 bis 20 Minuten einweichen. Mit knetenden Bewegungen
bearbeiten, damit es sich auflöst. Die Flüssigkeit durch ein Sieb
gießen und die festen Rückstände entfernen. In einem luftdichten
Behälter im Kühlschrank bis zu 5 Tage lang haltbar.
Ergibt ca. 250 ml

Sambal Oelek

120 g **lange rote Chilischoten**, grob gehackt
1 EL **Zucker**
1 EL **Weißweinessig**
1 TL **Salz**
2 EL **Pflanzenöl**

Chilischoten in einem Topf mit so viel Wasser übergießen, dass sie gerade bedeckt sind. Wasser zum Kochen bringen, dann die Hitze reduzieren und alles ca. 5 Minuten lang köcheln, bis die Schoten weich sind. Abkühlen lassen und in ein Sieb gießen.

Die gekochten Chilis mit den anderen Zutaten im Mixer zu einer Paste zerkleinern. In einem luftdicht verschlossenen Gefäß im Kühlschrank bis zu 1 Woche aufbewahren oder im Eiswürfelbehälter portionsweise einfrieren.
Ergibt ca. 150 g

Frittierte Schalotten

16–20 **rote asiatische Schalotten**
(oder 8–10 **rote Zwiebeln**),
in feine Ringe geschnitten
Pflanzenöl zum Frittieren

Einen Wok oder Frittiertopf zu einem Drittel mit Öl füllen und das Öl auf 160 °C erhitzen. (Ein Brotwürfel bräunt darin in 30 bis 35 Sekunden.) Die Schalotten vorsichtig hineingeben und dabei möglichst weit vom Herd zurücktreten, da das Öl spritzen oder aufschäumen könnte. Schalotten ca. 1 Minute lang im Öl frittieren, bis sie knusprig sind, dabei gelegentlich vorsichtig umrühren. Dann mit einem Sieblöffel herausnehmen und auf zerknülltem Küchenkrepp abtropfen lassen. Frittierte Schalotten können 2 Tage lang in einem luftdichten Behältnis aufbewahrt werden.
Ergibt 100 g

Sichuan Nudelsuppe
mit Rindfleisch
6 bis 8 Portionen

3 **Knoblauchzehen**, abgezogen
1 Stängel **Zitronengras** (nur der weiße Teil),
  in Scheiben geschnitten
2 **lange rote Chilischoten**, entkernt und
  in feine Scheiben geschnitten
1½ TL **Sichuan-Pfefferkörner**,
  ohne Fett geröstet
2 TL **Koriandersamen**, ohne Fett geröstet
1 Prise **Salz**
4 **Rumpsteaks** (à 150 g)
2 EL **Pflanzenöl**
500 g **dicke (chinesische) Eiernudeln**

BRÜHE
2 l **Rindfleischbrühe**
1 EL fein geriebener **frischer Ingwer**
2 EL **Kecap Manis**
2 EL **helle Sojasauce**
2 EL **schwarzer Reisessig**
  (oder **Aceto Balsamico**)
1 TL **Zucker**
1 EL **Sesamöl**
1 TL **Chiliöl** (siehe S. 71)

ZUM SERVIEREN
1 Handvoll **Bohnensprossen**
2 **Frühlingszwiebeln**, schräg in dicke Scheiben
  geschnitten
1 Handvoll **Korianderblätter**

Knoblauch, Zitronengras, Chilis, Pfefferkörner, Koriandersamen und Salz im Mörser zu einer feinen Paste verarbeiten. Die Rumpsteaks damit einreiben und im Kühlschrank am besten über Nacht, mindestens aber 4 Stunden lang marinieren lassen.

Das Öl in einer Grillpfanne erhitzen und die Steaks bei mittlerer Hitze auf jeder Seite 2 bis 3 Minuten braten. Pfanne von der Kochstelle nehmen und das Fleisch noch 5 Minuten ruhen lassen, dann in dünne Scheiben schneiden und zugedeckt warm stellen.

Alle Zutaten für die Brühe in einen Topf geben und zum Kochen bringen. Hitze reduzieren, so dass die Brühe leise köchelt. Brühe mit Salz würzen.

Die Eiernudeln mit heißem Wasser übergießen, damit sie weich werden, (oder nach Packungsanweisung zubereiten) und abtropfen lassen. Zum Servieren die Nudeln auf Portionsschalen verteilen. Rindfleischscheiben und Bohnensprossen drauflegen. Brühe darübergießen und mit Frühlingszwiebeln und Koriander garnieren.

Pho Rindfleischsuppe

6 bis 8 Portionen

1,5 kg **Ochsenschwanz**, gewürfelt
1,5 kg **Rinderbrust**
10 cm **frischer Ingwer**, ungeschält, leicht angedrückt
2 **Zwiebeln** mit Schale
7 **Sternanis**
2 **Zimtstangen**
8 **Gewürznelken**
2 **grüne Kardamomkapseln**
1½–3 EL **Fischsauce**
1 EL **Zucker**
1 TL **Salz**
900 g **Reisnudeln** (1 cm breit)
300 g **Rinderfilet** oder **-lende**, (vom Metzger) in hauchdünne Scheiben geschnitten

ZUM SERVIEREN
2 große Handvoll **Bohnensprossen**
4 **Frühlingszwiebeln**, in dünne Scheiben geschnitten
2 Handvoll **gemischte Kräuter**, wie Thai-Basilikum und frische Korianderblätter
Limettenspalten

Einen großen Topf zu drei Vierteln mit Wasser füllen und dieses zum Kochen bringen. Ochsenschwanz und Rinderbrust hineinlegen und 3 bis 4 Minuten lang kochen, dann in ein Sieb abgießen. Fleisch gut mit Wasser abspülen. 5 Liter Wasser in den gereinigten Topf geben, das Fleisch wieder hineinlegen und alles zum Kochen bringen.

Grillpfanne oder Tischgrill auf mittlere Hitze erwärmen. Ingwer und ganze Zwiebeln braun rösten, bis sie rauchig schmecken. Beides mit Sternanis, Zimtstangen, Nelken und Kardamom in das Wasser mit dem Rindfleisch geben und alles zum Kochen bringen. Hitze reduzieren und die Brühe 2 Stunden lang sanft köcheln lassen. Rinderbrust herausnehmen, abkühlen lassen, in dünne Scheiben schneiden und beiseitestellen.

Die Brühe noch eine Stunde lang köcheln lassen und dabei hin und wieder das Fett von der Oberfläche abschöpfen. Durch ein Sieb gießen, Ochsenschwanz, Ingwer, Zwiebeln und Gewürze entfernen. Brühe wieder in den gereinigten Topf zurückgießen, Fischsauce, Zucker und Salz zugeben und alles zum Köcheln bringen.

Die Reisnudeln zum Weichwerden mit kochendem Wasser übergießen (oder nach Packungsanweisung zubereiten). Abgießen, abschrecken und abtropfen lassen. Zum Servieren auf Suppenschalen verteilen, die rohen Filet- oder Lendenscheiben und die Rinderbrustscheiben darauflegen. Die heiße Brühe darübergießen und mit Bohnensprossen, Frühlingszwiebeln und Kräutern garnieren. Dazu Limettenspalten reichen, deren Saft in die Suppe geträufelt wird.

Glasnudelsuppe mit Krabbenfleisch

4 bis 6 Portionen

130 g **fadendünne Mungobohnen-Glasnudeln**
2 EL **Öl**
1 **Knoblauchzehe**, fein gehackt
1/2 **Zwiebel**, fein gehackt
2,5 l **Hühnerbrühe** (siehe S.14)
2 EL **Tomatenmark**
200 g **gekochtes Krabbenfleisch** (Fertigprodukt, siehe Tipp unten)
1–2 EL **Fischsauce**
1 TL **Zucker**
1 1/2 TL **Salz**
1/2 TL **frisch gemahlener schwarzer Pfeffer**
2 EL **Stärkemehl** (am besten Maisstärke)
1 **Ei**, leicht verschlagen

ZUM SERVIEREN
1 Handvoll **Bohnensprossen**
2 **Frühlingszwiebeln**, in dünne Ringe geschnitten
1 kleine Handvoll **Korianderblätter**, gehackt
Sambal Oelek (siehe S.15) (oder **Chilipulver**), nach Belieben

Glasnudeln 5 Minuten lang in heißem Wasser einweichen (oder nach Packungsanweisung zubereiten) und gut abtropfen lassen. Mit der Küchenschere in kürzere Stücke schneiden.

Das Öl in einem großen Topf erhitzen und Knoblauch und Zwiebeln darin braten, bis sie duften. Brühe und Tomatenmark zugeben. Alles zum Kochen bringen. Hitze reduzieren, so dass die Brühe nur noch köchelt. Krabbenfleisch, Fischsauce, Zucker, Salz und Pfeffer zugeben. Das Stärkemehl in 4 Esslöffeln Wasser auflösen und langsam unter ständigem Rühren in die Brühe gießen, damit sie leicht andickt. Das verschlagene Ei in einem dünnen Strahl zugießen. So lange rühren, bis das Ei stockt. Brühe abschmecken.

Zum Servieren die Nudeln auf Suppenschalen aufteilen und Bohnensprossen darauflegen. Die heiße Brühe darüberschöpfen und mit Frühlingszwiebeln und Korianderblättern garnieren. Dazu kleine Schälchen mit Sambal Oelek oder Chilipulver reichen, so dass der Suppe nach Belieben Schärfe verliehen werden kann.

TIPP Gekochtes Krabbenfleisch ist als Fertigprodukt in der Dose erhältlich. Sie können es durch gekochtes Krebs- oder Hummerfleisch oder die gleiche Menge roher Garnelen ersetzen. Diese sollten jedoch ca. 3 Minuten in der Brühe garen, bevor Sie Fischsauce, Zucker, Salz und Pfeffer zugeben.

Malaysische Nudelsuppe mit Garnelen
4 bis 6 Portionen

600 g **rohe Garnelen (Shrimps)**
300 g **dicke (chinesische) Eiernudeln**

BRÜHE
3 EL **Öl**
2 **Zwiebeln**, in Ringe geschnitten
5 **Knoblauchzehen**, zerdrückt
3 EL **getrocknete Garnelen**
2 **getrocknete lange rote Chilischoten**
2 l **Hühnerbrühe** (siehe S.14)
3 EL **Kecap Manis**
1 Prise **weißer Pfeffer**

ZUM SERVIEREN
1 Handvoll **Bohnensprossen**, blanchiert
2 **Frühlingszwiebeln**, in feine Ringe geschnitten
3 EL **frittierte Schalotten** (siehe S.15)
1 Prise **Chilipulver**

Die Garnelen schälen und vom dunklen Darm befreien. Die Schwänze dabei unversehrt lassen, Köpfe und Schalen für die Brühe beiseitelegen. Garnelen in den Kühlschrank geben.

Für die Brühe das Öl in einem großen Suppentopf erhitzen, Zwiebeln, Knoblauch, getrocknete Garnelen, Chilischoten und Garnelenköpfe und -schalen darin 4 bis 5 Minuten anbraten, bis sie duften. Garnelenköpfe und -schalen dabei mit einem Holzlöffel zerdrücken, damit ihr Aroma freigesetzt wird. Hühnerbrühe, Kecap Manis und weißen Pfeffer zugeben. Brühe durch Köcheln um ein Drittel reduzieren und durch ein Sieb gießen. Wieder in den gereinigten Topf füllen, salzen und zum Kochen bringen. Garnelen einlegen und in 3 bis 4 Minuten gar kochen.

Eiernudeln zum Weichwerden mit heißem Wasser übergießen (oder nach Packungsanweisung zubereiten), dann abgießen. Auf Servierschalen verteilen und die blanchierten Bohnensprossen darauflegen. Die Brühe mit den Garnelen darüberschöpfen und mit Frühlingszwiebeln, frittierten Schalotten und Chilipulver garnieren.

Glasnudelsuppe mit Hackfleischbällchen

4 bis 6 Portionen

4 **getrocknete Shiitake-Pilze**
8 Stücke von **getrockneten Mu-Err-Pilzen**
80 g **fadendünne Mungobohnen-Glasnudeln**
400 g **Hackfleisch vom Schwein**
1 kleine Handvoll **Koriandergrün**, fein gehackt
4 **Frühlingszwiebeln** (nur der weiße Teil), fein gehackt
1/2 TL Salz
1 Prise **frisch gemahlener schwarzer Pfeffer**
3 EL **Pflanzenöl**
4 **Knoblauchzehen**, fein gehackt
1,5 l **Hühnerbrühe** (siehe S. 14)
2 EL **eingelegter Rettich**, fein gewürfelt
1 TL **Zucker**
1 TL **schwarzer Reisessig** (oder **Aceto Balsamico**)
4 EL **helle Sojasauce**

ZUM SERVIEREN
1 kleine Handvoll **Korianderblätter**

Alle Pilze 10 Minuten in heißem Wasser einweichen. Abtropfen lassen. Die Stiele der Shiitake-Pilze entfernen, die Kappen in dünne Scheiben schneiden. Mu-Err-Pilze in kleine Stücke schneiden. Glasnudeln in heißem Wasser 5 Minuten einweichen (oder nach Packungsanweisung zubereiten), dann abtropfen lassen. Mit der Küchenschere in kürzere Stücke schneiden.

Hackfleisch, Koriandergrün, Frühlingszwiebeln, Salz und Pfeffer in einer Schüssel gut vermischen. Mit angefeuchteten Händen zu Bällchen mit ca. 1 cm Durchmesser formen.

Das Öl in einem kleinen Wok oder einer Bratpfanne bei niedriger Hitze erwärmen und den Knoblauch darin unter Rühren goldgelb braten. Wok oder Pfanne von der Kochstelle nehmen. Knoblauch mit einem Sieblöffel aus dem Öl nehmen und auf Küchenkrepp abtropfen lassen. Das mit Knoblauch aromatisierte Öl aufbewahren.

Brühe in einem großen Topf zum Kochen bringen. Fleischbällchen einlegen und alles 4 bis 5 Minuten köcheln lassen, bis sie gar sind. Pilze, Rettich, Zucker, Essig und Sojasauce zugeben, mit Salz und Pfeffer abschmecken, Nudeln zufügen. Die Suppe mit den Fleischbällchen in Portionsschalen schöpfen und mit Koriander bestreuen. Gebratenen Knoblauch und Knoblauchöl in einer kleinen Schüssel vermengen und die Suppe nach Belieben damit aromatisieren.

Eiernudelsuppe
mit Grillhähnchen
4 bis 6 Portionen

6 **getrocknete Shiitake-Pilze**
1 **Grillhähnchen** (am besten vor dem Grillen
   in Sojasauce mariniert)
2 EL **Pflanzenöl**
2 **Knoblauchzehen**, fein gehackt
2,5 l **Hühnerbrühe** (siehe S. 14)
2 cm **frischer Ingwer**, in sehr feine
   Streifen geschnitten
2 EL **helle Sojasauce**
250 g **dünne (chinesische) Eiernudeln**
70 g **Choi Sum** oder **Pak Choi**
   (**Chinakohl** oder **Mangold**),
   in mundgerechte Stücke geschnitten

ZUM SERVIEREN
2 **Frühlingszwiebeln**, in feine Ringe geschnitten
1 Handvoll **Korianderblätter**

Die Pilze in heißem Wasser einweichen. Abtropfen lassen, Stiele entfernen und die Kappen in dünne Scheiben schneiden. Hühnerfleisch auslösen, in Streifen schneiden und beiseitestellen.

Das Öl bei niedriger Hitze erwärmen, den Knoblauch darin braten, bis er duftet. Pilze, Brühe, Ingwer und Sojasauce zugeben, mit Salz und Pfeffer würzen. Brühe zum Kochen bringen, die Hitze reduzieren, das Hühnerfleisch in die Brühe geben und alles 5 Minuten sanft köcheln lassen.

In einem großen Topf Wasser zum Kochen bringen und darin die Nudeln in 1 bis 2 Minuten weichkochen (oder nach Packungsanweisung zubereiten). Mit einem Sieblöffel herausnehmen, mit kaltem Wasser abschrecken und abtropfen lassen. Das Gemüse im gleichen Kochwasser 1 Minute lang blanchieren, kalt abschrecken und abtropfen lassen.

Nudeln und Gemüse auf Portionsschalen verteilen. Die Brühe mit dem Hühnerfleisch darüberschöpfen und mit Frühlingszwiebeln und Koriander garnieren.

Reisnudelsuppe mit Hähnchen und chinesischem Brokkoli

4 bis 6 Portionen

2 EL **Pflanzenöl**

2 **Knoblauchzehen**, fein gehackt

3 **rote asiatische Schalotten** (oder 1 große **rote Zwiebel**), in feine Ringe geschnitten

2 l **Hühnerbrühe** (siehe S. 14)

3 cm **frischer Ingwer**, in feine Streifen geschnitten

2 **Hühnerbrüste** (ohne Haut und Knochen), in dünne Scheiben geschnitten

70 g **chinesischer Brokkoli (Gai Larn)** oder **Brokkoli**, in mundgerechte Stücke geschnitten

300g **Reisnudeln** (1 cm breit)

ZUM SERVIEREN

2 **Frühlingszwiebeln**, in dünne Ringe geschnitten

Fischsauce

Vogelaugen-Chilis (oder andere **rote Chilischoten**), in feine Ringe geschnitten

Das Öl in einem großen Topf erhitzen und Knoblauch und Schalotten darin braten, bis sie duften. Die Brühe zugießen und zum Kochen bringen. Hitze reduzieren, so dass sie nur noch köchelt. Ingwer und Hühnerscheiben zugeben, mit Salz und Pfeffer würzen. Die Suppe ca. 5 Minuten köcheln lassen, bis das Hühnerfleisch gar ist. Das Kohlgemüse zugeben und alles weitere 3 Minuten köcheln lassen.

Die Reisnudeln zum Weichwerden mit kochendem Wasser übergießen (oder nach Packungsanweisung zubereiten) und abtropfen lassen. Zum Servieren die Nudeln auf Suppenschalen verteilen. Die Brühe mit dem Hühnerfleisch und dem Kohl über die Nudeln schöpfen und mit Frühlingszwiebeln garnieren. Ein Schälchen Fischsauce und Chiliringe dazureichen, damit die Suppe nach Belieben noch gewürzt werden kann.

Curry Laksa mit Huhn und Riesengarnelen
4 bis 6 Portionen

200 g **Hähnchenschenkel** (ohne Haut und Knochen), in feine Scheiben geschnitten
500 g **rohe Riesengarnelen (King Prawns)**, geschält und ohne Darm, Schwänze ungeschält
800 ml **Kokosmilch**
1 EL **gelbe Bohnenpaste**
1–2 EL **Fischsauce**
10 **Curryblätter**
3 TL **Salz**
1 EL **Zucker**
150 g **frittierter** oder **gebratener Tofu**, in große Würfel geschnitten
250 g **dünne Reisnudeln (Vermicelli)**

PASTE
8 **getrocknete lange rote Chilischoten**
2 **Zwiebeln**, gehackt
3 **Knoblauchzehen**, zerdrückt
2 Stängel **Zitronengras**, in feine Scheiben geschnitten
Pflanzenöl
1 TL **Garnelenpaste**
4 EL **mittelscharfe Currymischung**
1 TL **gemahlene Kurkuma**
1/2 TL **gemahlene Nelken**

ZUM SERVIEREN
2 Handvoll **Bohnensprossen**
1 **Gärtnergurke**, entkernt und in dünne Streifen geschnitten
1 Handvoll **vietnamesischer Koriander** (oder normales **Koriandergrün**)
3 EL **frittierte Schalotten** (siehe S. 15)
Sambal Oelek (siehe S. 15) oder gehackte **Vogelaugen-Chilis** (oder andere **rote Chilischoten**), nach Belieben
Limettenspalten

Samen und Stiele der getrockneten Chilis entfernen, Schoten 10 Minuten in heißem Wasser einweichen. Abtropfen lassen und grob hacken. Mit Zwiebeln, Knoblauch und Zitronengras in einen Mixer geben und mit etwas Öl zu einer geschmeidigen Paste verarbeiten. 3 Esslöffel Öl in einem Topf bei mittlerer Hitze erwärmen und die Paste darin ca. 2 Minuten unter Rühren braten. Restliche Pastenzutaten zugeben und alles noch 1 bis 2 Minuten rührbraten.

Hühnerfleisch zufügen und weitere 2 Minuten rührbraten. Garnelen, 1,5 Liter Wasser, Kokosmilch, gelbe Bohnenpaste, Fischsauce und Curryblätter zugeben und alles zum Kochen bringen. Die Hitze reduzieren, so dass die Suppe nur noch köchelt. Salz, Zucker und Tofuwürfel zugeben.

Die Reisnudeln 5 bis 7 Minuten lang in kochendem Wasser einweichen (oder nach Packungsanweisung zubereiten) und abtropfen lassen. Zum Servieren Nudeln auf Portionsschalen verteilen, Bohnensprossen und Gurkenstreifen darauflegen. Die Suppe über die Nudeln schöpfen und mit Koriander und frittierten Schalotten garnieren. Eine kleine Schale Sambal Oelek oder gehackte Chilis dazureichen. Limettensaft in die Suppe träufeln.

Eiernudelsuppe mit Entenbrust und Shiitake-Pilzen 6 bis 8 Portionen

6 getrocknete Shiitake-Pilze
6 **Entenbrüste mit Haut** (à 200 g)
2 EL **Pflanzenöl**
2 **Knoblauchzehen**, zerdrückt
1/2 TL fein geriebener **frischer Ingwer**
1/2 TL **Fünf-Gewürze-Pulver**
2,5 l **Hühnerbrühe**
1½ EL **Sojasauce**
1–1½ EL **Fischsauce**
2 TL **Zucker**
1 Prise **Salz**
400 g **dünne (chinesische) Eiernudeln**
3 **Mini-Pak Choi** (oder 150 g **Mangold**),
   Blätter schräg in breite Streifen
   geschnitten

ZUM SERVIEREN
2 **Frühlingszwiebeln**, schräg in dünne
   Ringe geschnitten
1 Handvoll **Korianderblätter**

Pilze in heißem Wasser einweichen. Abtropfen lassen, Stiele entfernen, Kappen in dünne Scheiben schneiden. Entenbrüste waschen und trocken tupfen, die Haut diagonal einschneiden. Brüste mit der Haut nach unten bei mittlerer Hitze ohne Fett in der Pfanne anbraten. Nach 5 Minuten wenden und in ca. 25 Minuten bei niedriger Hitze vollständig durchgaren. 5 Minuten ruhen lassen, in dünne Scheiben schneiden und beiseitestellen.

Das Öl in einem großen Topf erhitzen und darin Knoblauch, Ingwer und Fünf-Gewürze-Pulver braten, bis sie duften. Pilze und Brühe zufügen, alles zum Kochen bringen, Soja- und Fischsauce, Zucker und Salz hineingeben. Hitze reduzieren und die Brühe 10 Minuten köcheln lassen.

Wasser in einem großen Topf zum Kochen bringen und die Nudeln in 1 bis 2 Minuten weichkochen (oder nach Packungsanweisung zubereiten). Mit einem Sieblöffel herausnehmen, mit kaltem Wasser abschrecken und abtropfen lassen. Den Pak Choi im selben Wasser 30 Sekunden lang blanchieren und kalt abschrecken.

Zum Servieren die Nudeln auf Portionsschalen aufteilen. Pak Choi und Entenbrustscheiben darauflegen. Die Suppe darüberschöpfen und mit Frühlingszwiebeln und Koriander bestreuen.

Hühnersuppe mit Glasnudeln

4 bis 6 Portionen

2 EL **Pflanzenöl**
1 **Knoblauchzehe**, fein gehackt
2,5 l **Hühnerbrühe** (siehe S. 14)
2 **Hühnerbrüste** (ohne Haut und Knochen)
1 kleiner **Daikon-Rettich**, grob gewürfelt
1 **Möhre**, grob gewürfelt
8 **Pfefferkörner**
1/2 **Zwiebel**, in Spalten geschnitten
80 g **fadendünne Mungobohnen-Glasnudeln**
2 EL **helle Sojasauce**
1/2 TL **Zucker**

ZUM SERVIEREN
1 Handvoll **Bohnensprossen**
2 **Frühlingszwiebeln**, in dünne Ringe geschnitten
2 EL **frittierte Schalotten** (siehe S. 15)
1 Handvoll **gemischte Kräuter**, z. B. die Blätter von
Thai-Basilikum, Langem Koriander und Koriander
(oder 1 Handvoll **Korianderblätter**)
2 EL **geröstete Erdnüsse**, gehackt (siehe S. 70)
Fischsauce
Vogelaugen-Chilis (oder andere **rote Chilischoten**),
in dünne Ringe geschnitten
Limettenspalten

Das Öl in einem kleinen Wok oder einer Pfanne bei niedriger Hitze erwärmen und den Knoblauch darin unter Rühren goldgelb braten. Wok oder Pfanne von der Kochstelle nehmen, mit einem Sieblöffel den Knoblauch herausnehmen und auf Küchenkrepp abtropfen lassen. Das mit Knoblauch aromatisierte Öl aufbewahren.

Brühe in einem großen Topf zum Kochen bringen. Hühnerfleisch vorsichtig hineinlegen, Rettich, Möhre, Pfefferkörner und Zwiebel zugeben. Brühe nochmals aufkochen, die Hitze reduzieren und die Brühe 10 Minuten köcheln lassen. Herd ausschalten, den Topf mit einem Deckel verschließen und das Hähnchen 20 Minuten lang in der Suppe liegen lassen (es gart während dieser Zeit vollständig durch).

In der Zwischenzeit die Glasnudeln 5 Minuten in heißem Wasser einweichen (oder nach Packungsanweisung zubereiten), abtropfen lassen. Mit der Küchenschere in kürzere Stücke schneiden.

Hähnchen aus der Brühe nehmen und vollständig abkühlen lassen. Fleisch in kleine Stückchen zerpflücken und beiseitestellen. Die Brühe durch ein Sieb gießen und in den gereinigten Topf zurückfüllen. Zum Kochen bringen, Sojasauce, Zucker und nach Geschmack auch Salz zufügen.

Zum Servieren die Nudeln in Portionsschalen geben. Hühnerfleisch, Bohnensprossen und Frühlingszwiebeln darauflegen und die kochende Brühe darüberschöpfen. Mit frittierten Schalotten, Kräutern und gerösteten Erdnüssen bestreuen. Gebratenen Knoblauch und Knoblauchöl in einer, etwas Fischsauce und Chiliringe in einer anderen kleinen Schale verrühren und dazuservieren. Den Saft aus Limettenspalten in die Suppe träufeln.

Rindfleischtopf mit Reisnudeln
4 bis 6 Portionen

3 EL **Öl**
1 große **Zwiebel**, geviertelt
4 **Knoblauchzehen**, zerdrückt
2 Stängel **Zitronengras**, halbiert und leicht angedrückt
800 g **sehnenfreies Rindergulasch**, in ca. 2 cm große Würfel geschnitten
2 **Möhren**, in mundgerechte Stücke geschnitten
1 **Daikon-Rettich**, in mundgerechte Stücke geschnitten
500 g **Reisnudeln** (1 cm breit)

SAUCE
1,25 l **Hühnerbrühe** (siehe S.14)
5 **Sternanis**
4 EL **braune Bohnenpaste**
3 EL **Tomatenmark**
2 EL **mittelscharfe Currymischung**
2 EL **Zucker**

ZUM SERVIEREN
1 Handvoll **Bohnensprossen**
1 Handvoll **vietnamesischer Koriander**, in Streifen geschnitten (oder 1 Handvoll **Korianderblätter**)
3 **Vogelaugen-Chilis** (oder andere **rote Chilischoten**), in dünne Ringe geschnitten
Limettenspalten

Das Öl bei mittlerer Hitze in einem großen Topf erwärmen. Zwiebel, Knoblauch und Zitronengras darin 1 Minute braten. Das Rindfleisch hineingeben und 2 bis 3 Minuten unter Rühren anbraten. Alle Saucenzutaten zugeben, salzen. Alles zum Kochen bringen, Hitze reduzieren und das Gericht 1 bis 1½ Stunden sanft schmoren lassen, bis das Rindfleisch fast weich ist. Möhren und Rettich zugeben und weiter schmoren, bis das Gemüse weich ist.

Reisnudeln in kochendem Wasser einweichen (oder nach Packungsanweisung zubereiten), abtropfen lassen. Zum Servieren auf Portionsschalen aufteilen, Bohnensprossen darauflegen, die Suppe darüberschöpfen und mit Koriander bestreuen. Salz und Pfeffer und Chiliringe zum Würzen auf den Tisch stellen. Limettensaft in die Suppe träufeln.

Hähnchencurry-Nudelsuppe

4 bis 6 Portionen

6 getrocknete lange rote Chilischoten
1 Prise **Salz**
2 EL **mittelscharfe Currymischung**
600 g **Hähnchenschenkel** (ohne Haut und Knochen), schräg in 1 cm breite Streifen geschnitten
3 EL **Pflanzenöl**
1 **Zwiebel**, halbiert und in dicke Scheiben geschnitten
4 **Knoblauchzehen**, zerdrückt
3 cm **frischer Ingwer**, fein gerieben
7–8 **Kaffir-Zitronenblätter**, grob zerpflückt
2 Stängel **Zitronengras** (nur der weiße Teil), leicht angedrückt
1 l **Kokosmilch**
250 g **fadendünne Reisnudeln** (Vermicelli)

ZUM SERVIEREN
1 Handvoll **Bohnensprossen**
1 Handvoll **Thai-Basilikum-Blätter** (oder **Basilikumblätter**), in Streifen geschnitten
3 **Vogelaugen-Chilis** (oder andere **rote Chilischoten**), fein gehackt
Limettenspalten

Stiele und Samen der getrockneten Chilis entfernen. Die Schoten 10 Minuten in heißem Wasser einweichen, abtropfen lassen und grob hacken. Im Mörser mit dem Salz zu einer Paste zerstoßen, Currypulver unterarbeiten. Die Hühnerstreifen in einer Schüssel gut mit der Paste vermengen und mindestens 1 Stunde im Kühlschrank marinieren lassen.

Das Öl in einem Topf bei mittlerer Hitze erwärmen. Zwiebel, Knoblauch und Ingwer darin 4 bis 5 Minuten unter Rühren braten, bis sie duften. Das Hähnchen zugeben und weitere 4 bis 5 Minuten rührbraten. Kaffir-Zitronenblätter, Zitronengras und Kokosmilch hineingeben und alles zum Kochen bringen. Hitze reduzieren und die Suppe 20 Minuten köcheln, bis das Hühnerfleisch gar ist. Mit Salz und Pfeffer würzen und noch 5 Minuten garen.

Die Nudeln mit kochendem Wasser übergießen und in 5 bis 7 Minuten weich werden lassen (oder nach Packungsanweisung zubereiten). Gut abtropfen lassen.

Zum Servieren die Nudeln auf Portionsschalen verteilen, Bohnensprossen und Thai-Basilikum darauflegen und das Hähnchencurry darüberschöpfen. Schälchen mit gehackten Chilis und Limettenspalten dazuservieren.

Nudelsuppe mit gegrilltem Schweinefleisch
4 bis 6 Portionen

3 EL **Pflanzenöl**
4 **Knoblauchzehen**, fein gehackt
2 l **Hühnerbrühe** (siehe S.14)
5 **Kaffir-Zitronenblätter**
1–2 EL **Fischsauce**
1 EL **Zucker**
1 Prise **frisch gemahlener schwarzer Pfeffer**
1 Prise **Salz**
180 g **dünne (chinesische) Eiernudeln**
50 g **fein gehobelter Chinakohl**

ZUM SERVIEREN
1 Handvoll **Bohnensprossen**
300 g **gegrilltes Schweinefleisch** (am besten **Char Siu**; siehe Tipp), in dünne Streifen geschnitten
2 **Frühlingszwiebeln**, in dünne Ringe geschnitten
1 Handvoll **Koriandergrün**
1 EL fein gehackte **Vogelaugen-Chilis** (oder andere **rote Chilischoten**)
2 EL gehackte **geröstete Erdnüsse** (siehe S. 70)

Öl in einem kleinen Wok oder einer Pfanne sanft erwärmen, Knoblauch darin goldgelb schmoren. Von der Kochstelle nehmen, Knoblauch mit Sieblöffel aus dem Öl nehmen und auf Küchenkrepp abtropfen lassen. Das mit Knoblauch aromatisierte Öl aufbewahren.

Die Brühe in einem Topf zum Kochen bringen. Kaffir-Zitronenblätter, Fischsauce, Zucker, Pfeffer und Salz zugeben und die Hitze reduzieren, so dass alles nur noch köchelt.

Wasser in einem Topf zum Kochen bringen, Nudeln darin 1 bis 2 Minuten weichkochen (oder nach Packungsanweisung zubereiten). Mit einem Sieblöffel herausnehmen und kalt abschrecken. Chinakohl im selben Kochwasser 30 Sekunden blanchieren, dann abgießen.

Nudeln und Kohl auf Portionsschalen verteilen. Bohnensprossen und Fleischstreifen darauflegen, Suppe darüberschöpfen. Mit Frühlingszwiebeln, Koriander, Chili und Erdnüssen bestreuen. Knoblauch und Knoblauchöl vermischen und die Suppe damit beträufeln.

TIPP Für das chinesische Char Siu wird 1 kg durchwachsenes Schweinefleisch in Streifen geschnitten, in einer Mischung aus 2 EL Hoisin-Sauce, 2 EL gelbe Bohnenpaste, 4 EL heller Sojasauce, 6 EL Zucker, 1 EL Reiswein oder halbtrockenem Sherry und 1 TL Salz mariniert, im Backofen gegrillt und danach mit flüssigem Bienenhonig bepinselt.

Kurz-Lang-Suppe mit Wan-Tan
6 Portionen

WAN-TAN-TEIGTASCHEN
130 g **Hackfleisch vom Schwein**
150 g **rohe Garnelen (Shrimps)**, geschält und ohne Darm, fein gewürfelt
1/2 TL fein geriebener **frischer Ingwer**
3 TL **helle Sojasauce**
3 **Frühlingszwiebeln** (nur der weiße Teil), in feine Ringe geschnitten
1 Prise **weißer Pfeffer**
1 Prise **Zucker**
3/4 TL **Sesamöl**
30 quadratische **Wan-Tan-Teigplatten**
1 kleines **Eiweiß**, leicht verschlagen

SUPPE
2 l **Hühnerbrühe** (siehe S.14)
2 EL helle **Sojasauce**
2 EL **Shao Xing-Reiswein** (oder **trockener Sherry**)
1 EL **schwarzer Reisessig** (oder **Aceto Balsamico**)
2 TL **Salz**
1/2 TL **weißer Pfeffer**
250 g **dünne (chinesische) Eiernudeln**

ZUM SERVIEREN
2 **Frühlingszwiebeln**, in dünne Ringe geschnitten
1 Handvoll **Korianderblätter**
30 g **Schnittknoblauch** (oder **Schnittlauch**), in feine Ringe geschnitten

Für die Wan-Tan-Teigtaschen Hackfleisch, Garnelen, Ingwer, Sojasauce, Frühlingszwiebeln, weißen Pfeffer, Zucker und Sesamöl in einer Schüssel gut vermengen. Einen Teelöffel der Mischung in die Mitte einer Teigplatte setzen, die Teigränder mit Eiweiß bestreichen, das Quadrat zum Dreieck falten und die Ränder gut zusammendrücken. Alle Teigplatten auf diese Weise füllen.

Für die Suppe die Brühe in einem großen Topf zum Kochen bringen. Sojasauce, Reiswein, Essig, Salz und weißen Pfeffer zugeben. Die Teigtaschen vorsichtig in die kochende Brühe geben und 4 bis 5 Minuten garen lassen.

In einem großen Topf Wasser zum Kochen bringen und die Nudeln darin 1 bis 2 Minuten weichkochen (oder nach Packungsanweisung zubereiten). Abgießen, unter kaltem Wasser abschrecken und abtropfen lassen. Die Nudeln auf Portionsschalen verteilen, die Wan-Tan-Suppe darüberschöpfen und mit Frühlingszwiebeln, Koriander und Schnittknoblauch garnieren.

Nudelsuppe mit Entenfleisch-Wan-Tan

6 bis 8 Portionen

WAN-TAN-TEIGTASCHEN
2 **getrocknete Shiitake-Pilze**
2 **Entenbrüste mit Haut** (à 200 g)
1 **Frühlingszwiebel**, in feine Ringe geschnitten
1/2 TL fein geriebener **frischer Ingwer**
1/2 EL **Austernsauce**
32 **quadratische Wan-Tan-Teigplatten**

SUPPE
2,5 l **Hühnerbrühe** (siehe S.14)
100 ml **helle Sojasauce**
1½ EL **Austernsauce**
1½ EL **Kecap Manis**
1 Prise **weißer Pfeffer**
400 g **Reisnudeln** (1 cm breit)
80 g **chinesischer Brokkoli (Gai Larn)** oder **Brokkoli**, kleingeschnitten

ZUM SERVIEREN
2 **Frühlingszwiebeln**, in dünne Ringe geschnitten
2 EL **frittierte Schalotten** (siehe S.15)

Pilze in heißem Wasser einweichen. Entenbrüste waschen und trocken tupfen, die Haut diagonal einschneiden. Brüste mit der Haut nach unten bei mittlerer Hitze ohne Fett in der Pfanne anbraten. Nach 5 Minuten wenden und in ca. 25 Minuten bei niedriger Hitze vollständig durchgaren. 5 Minuten ruhen lassen, dann das Fleisch mit der Haut fein würfeln. Pilze abgießen, Stiele entfernen, Kappen fein hacken und mit dem Entenfleisch in einer Schüssel gut vermengen. Frühlingszwiebel, Ingwer und Austernsauce untermischen. 1 Teelöffel der Füllung in die Mitte einer Wan-Tan-Teigplatte setzen, alle Ränder über der Füllung zusammenfassen, zusammendrücken und durch eine kleine Drehung verschließen, so dass kleine Säckchen entstehen. Alle Teigplatten so füllen.

Für die Suppe Brühe, Sojasauce, Austernsauce, Kecap Manis und weißen Pfeffer in einen Topf geben. Salzen und zum Kochen bringen. Die Teigtaschen in die Suppe geben und 3 bis 4 Minuten garen lassen. Wenn sie an die Oberfläche steigen, Topf von der Kochstelle nehmen.

Nudeln mit kochendem Wasser übergießen, damit sie weich werden (oder nach Packungsanweisung zubereiten). Brokkoli 30 Sekunden in kochendem Wasser blanchieren, abgießen und kalt abschrecken. Zum Servieren die Reisnudeln auf Portionsschalen verteilen, Brokkoli drauflegen und die Suppe mit den Wan-Tan darüberschöpfen. Mit Frühlingszwiebeln und frittierten Schalotten garnieren.

Nudelsuppe mit Fischbällchen

6 bis 8 Portionen

3 EL **Pflanzenöl**

3 **Knoblauchzehen**, fein gehackt

500 g **grätenloses Weißfischfilet** (ohne Haut), z. B. vom Kabeljau oder Seelachs, in grobe Scheiben geschnitten

1 TL **Salz**

1 Prise **weißer Pfeffer**

3 EL **Stärkemehl** (am besten Maisstärke)

300 g **dünne Reisnudeln (Vermicelli)**

2,5 l **Hühnerbrühe** (siehe S. 14)

1–2 EL **Fischsauce**

1½ EL **helle Sojasauce**

ZUM SERVIEREN

2 Handvoll **Bohnensprossen**

2 **Frühlingszwiebeln**, fein gehackt

1 Handvoll **Korianderblätter**

25 g **Schnittknoblauch** (oder **Schnittlauch**), kleingeschnitten

Sojasauce

3 **Vogelaugen-Chilis** (oder andere **rote Chilischoten**), in dünne Ringe geschnitten

Das Öl in einem kleinen Wok oder einer Pfanne erhitzen und den Knoblauch unter Rühren goldgelb braten. Wok oder Pfanne von der Kochstelle nehmen. Knoblauch mit einem Sieblöffel aus dem Öl nehmen und auf Küchenkrepp abtropfen lassen. Das mit Knoblauch aromatisierte Öl aufbewahren.

Die Fischstücke in einen Mixer geben und zu einer Paste verarbeiten. In einer Schüssel mit Salz, weißem Pfeffer und Stärkemehl gründlich verkneten. Den entstandenen Teig zu kleinen Bällchen in der Größe einer Walnuss rollen. In einem großen Topf Wasser zum Kochen bringen und die Fischbällchen darin 3 bis 4 Minuten garen. Abgießen, mit kaltem Wasser abschrecken und gut abtropfen lassen.

Nudeln mit kochendem Wasser übergießen, 5 bis 7 Minuten einweichen (oder nach Packungsanweisung zubereiten), abtropfen lassen und mit der Küchenschere in kürzere Stücke schneiden.

Die Brühe in einem großen Topf zum Kochen bringen, dann die Hitze reduzieren, so dass sie nur noch köchelt. Fischsauce, Sojasauce und Fischbällchen hineingeben und mit Salz abschmecken.

Die Nudeln auf Portionsschalen aufteilen, Bohnensprossen drauflegen. Die Suppe mit den Fischbällchen darüberschöpfen, mit Frühlingszwiebeln, Koriander und Schnittknoblauch garnieren. Knoblauch und Knoblauchöl in einer kleinen Schüssel vermengen und dazureichen. Zusätzlich Sojasauce und Chiliringe zum Würzen servieren.

Nudelsuppe mit Hähnchen
6 bis 8 Portionen

2 l **Hühnerbrühe** (siehe S.14)
2 **Hühnerbrüste** (ohne Haut und Knochen)
1 **Stange Staudensellerie**, grob gewürfelt
5 **weiße Pfefferkörner**
1/2 **Zwiebel**, abgezogen
200 g **fadendünne Mungobohnen-Glasnudeln**
1–1½ EL **Fischsauce**
1/2 TL **Zucker**
1/2 TL **Salz**

ZUM SERVIEREN
1 große Handvoll **Bohnensprossen**
15 g **Schnittknoblauch** (oder **Schnittlauch**),
   in 3 cm lange Stücke geschnitten
1 Handvoll **Korianderblätter**
2 EL **frittierte Schalotten** (siehe S.15)
Fischsauce

Die Brühe in einem großen Topf zum Kochen bringen. Die Hühnerbrüste vorsichtig hineinlegen, Sellerie, Pfefferkörner und Zwiebel zugeben. Brühe wieder zum Kochen bringen, dann die Hitze reduzieren und alles 10 Minuten sanft köcheln lassen. Den Herd abdrehen, den Topf mit einem dicht schließenden Deckel versehen und das Hähnchen 20 Minuten lang in der Brühe abkühlen lassen (es gart während dieser Zeit noch weiter).

Nudeln 5 Minuten in heißem Wasser einweichen (oder nach Packungsanweisung zubereiten). Abtropfen lassen und mit der Küchenschere in kürzere Stücke schneiden.

Das Hühnerfleisch aus der Brühe nehmen, vollständig abkühlen lassen, klein schneiden und beiseitestellen. Die Brühe durch ein Sieb gießen und in den gereinigten Topf zurückgeben. Zum Kochen bringen und mit Fischsauce, Zucker und Salz würzen.

Zum Servieren die Nudeln auf Portionsschalen aufteilen. Hühnerfleisch, Bohnensprossen und Schnittknoblauch darauflegen. Die heiße Brühe darübergießen, mit Koriandergrün und frittierten Schalotten garnieren. Fischsauce zum Würzen dazureichen.

Hühnersuppe mit Kokosmilch und Reisnudeln
4 Portionen

1 l **Hühnerbrühe** (siehe S.14)
600 ml **Kokosmilch**
2 Stängel **Zitronengras**, leicht angedrückt
6 **Korianderwurzeln**, gesäubert
10 **Kaffir-Zitronenblätter**, zerpflückt
4 **lange rote Chilischoten**, entkernt und in Ringe geschnitten
2–4 EL **Fischsauce**
90 ml **Limettensaft**
1½ TL **Zucker**
350 g **Hühnerbrust** (ohne Haut und Knochen), in dünne Scheiben geschnitten
150 g **Reisnudeln** (1 cm breit)

ZUM SERVIEREN
1 Handvoll **Korianderblätter**
Limettenspalten

Brühe, Kokosmilch, Zitronengras, Korianderwurzeln, Kaffir-Zitronenblätter und Chilischoten in einem großen Topf zum Kochen bringen. Hitze reduzieren und alles 20 Minuten lang köcheln lassen. Die Nudeln zum Weichwerden mit kochendem Wasser übergießen (oder nach Packungsanweisung zubereiten). Abgießen, kalt abschrecken und gut abtropfen lassen. Korianderwurzeln und Zitronengras entfernen, Suppe mit Fischsauce, Limettensaft und Zucker würzen. Das Hühnerfleisch in die Suppe geben und in 6 bis 8 Minuten gar werden lassen. Nudeln dazugeben und die Suppe wieder zum Kochen bringen.

Suppe in Portionsschalen schöpfen und mit Koriander bestreuen. Dazu Limettenspalten reichen, deren Saft in die Suppe geträufelt wird. Sofort servieren.

Pho Reisnudelsuppe mit Huhn und Ingwer

4 bis 6 Portionen

2 **Zimtstangen**
1 EL **weiße Pfefferkörner**
1 Kapsel **schwarzer Kardamom**, leicht angedrückt (nach Belieben)
1 großes **Hähnchen** (ca. 2 kg schwer), in 8 Stücke zerteilt
10 cm **frischer Ingwer**, ungeschält, leicht angedrückt
1 **Zwiebel**, abgezogen
1½–3 EL **Fischsauce**
1 EL **Zucker**
1 TL **Salz**
1 Prise **weißer Pfeffer**
600 g **Reisnudeln** (1 cm breit)

ZUM SERVIEREN

2 große Handvoll **Bohnensprossen**
1 Handvoll **Blätter vom Thai-Basilikum** (oder **Basilikumblätter**)
1 Handvoll **Korianderblätter**
1 Handvoll **Blätter vom Langen Koriander**, in Streifen geschnitten (nach Belieben)
½ **Zwiebel**, in feine Ringe beschnitten
Limettenspalten
2 kleine **Vogelaugen-Chilis** (oder andere **rote Chilischoten**), fein gehackt
4 EL **Hoisin-Sauce**

Eine Pfanne mit schwerem Boden bei niedriger Hitze warm werden lassen. Zimtstangen, Pfefferkörner und (falls gewünscht) den Kardamom darin unter Rühren 3 bis 4 Minuten lang rösten, bis die Gewürze duften. Gewürze aus der Pfanne nehmen, abkühlen lassen und in ein kleines Musselintuch wickeln, dessen Enden gut verknotet werden.

3,5 l Wasser mit Hähnchen, Ingwer, Zwiebel und Gewürzsäckchen in einem großen Topf zum Kochen bringen. Die Hitze reduzieren und alles 2 Stunden lang köcheln, dabei immer wieder das Fett von der Oberfläche abschöpfen. Hühnerteile herausnehmen und abkühlen lassen. Mit den Händen die Haut entfernen und das Fleisch in grobe Stücke reißen.

Ingwer, Zwiebel und Gewürzsäckchen entfernen, Brühe durch ein Sieb gießen, wieder in den gereinigten Topf geben und zum Kochen bringen. Fischsauce, Zucker, Salz und weißen Pfeffer zugeben. Hitze reduzieren, so dass die Suppe nur noch köchelt.

Nudeln mit kochendem Wasser übergießen, damit sie weich werden (oder nach Packungsanweisung zubereiten). Abgießen, abschrecken und abtropfen lassen. Zum Servieren auf Portionsschalen aufteilen. Hühnerfleisch, Bohnensprossen, Basilikum, Koriander und Zwiebelringe darauflegen. Die Brühe darüberschöpfen. Kleine Schüsseln mit Limettenspalten, Chilis und Hoisin-Sauce dazureichen.

Scharf-saurer Nudeltopf mit Fisch und Meeresfrüchten 4 bis 6 Portionen

500 g **frischer Fisch und Meeresfrüchte**, wie Tintenfisch, Fischfilet und Garnelen (Shrimps), gesäubert, geschält und in mundgerechte Stücke geschnitten

2 EL **Pflanzenöl**

1 **Zwiebel**, in Ringe geschnitten

2 **Knoblauchzehen**, zerdrückt

2 Stängel **Zitronengras** (nur der weiße Teil), leicht angedrückt

1,5 l **Hühnerbrühe** (siehe S. 14)

2 Stangen **Staudensellerie**, schräg in dünne Ringe geschnitten

1 große **Tomate**, in dünne Spalten geschnitten

80 g **Ananas**, gewürfelt

2 EL **Fischsauce**

100 ml **Tamarindensaft** (siehe S. 14)

1 1/2 EL **Zucker**

1 TL **Salz**

200 g **dünne Reisnudeln (Vermicelli)**

MARINADE

2 **lange rote Chilischoten**, entkernt und fein gehackt

1 EL **Fischsauce**

1 Prise **frisch gemahlener schwarzer Pfeffer**

ZUM SERVIEREN

2 Handvoll **Bohnensprossen**

1 Handvoll **frische vietnamesische Kräuter**, wie Blätter von Reisfeldpflanze und Langem Koriander, in Streifen geschnitten (oder 1 Handvoll **Korianderblätter**)

1 **Frühlingszwiebel**, in Ringe geschnitten

Die Zutaten für die Marinade verrühren. Fisch und Meeresfrüchte in eine Schüssel geben und gut mit der Marinade vermengen. Im Kühlschrank 15 bis 20 Minuten marinieren lassen.

Das Öl in einem Topf erhitzen, Zwiebel, Knoblauch und Zitronengras darin ca. 30 Sekunden rührbraten, bis sie duften. Brühe, Sellerie, Tomate und Ananas zugeben, mit Fischsauce, Tamarindensaft, Zucker und Salz würzen. Brühe zum Kochen bringen, Hitze reduzieren und alles 2 bis 3 Minuten köcheln lassen. Fisch und Meeresfrüchte hineingeben und alles noch 2 bis 3 Minuten köcheln lassen, bis sie gar sind.

Nudeln zum Weichwerden in einer Schüssel mit kochendem Wasser übergießen (oder nach Packungsanweisung zubereiten). Abgießen, abschrecken und gut abtropfen lassen.

Zum Servieren die Nudeln auf Portionsschalen aufteilen, Bohnensprossen darauflegen. Die Suppe darüberschöpfen und mit frischen Kräutern und Frühlingszwiebel bestreuen.

TIPP Die aromatische Reisfeldpflanze wird in Vietnam zum Würzen und Garnieren von Suppen verwendet. Der Lange Koriander hat seinen Namen von den langen gezahnten Blättern. Er ähnelt im Geschmack Koriandergrün, ist aber würziger. Beide Kräuter erhält man in Asialäden.

Thailändische Nudelsuppe mit Garnelen
4 bis 6 Portionen

200 g **dünne Reisnudeln (Vermicelli)**
3 EL **Öl**
4 **Knoblauchzehen**, zerdrückt
2 **lange rote Chilischoten**, entkernt (nach Belieben) und in dünne Ringe geschnitten
2 Stängel **Zitronengras** (nur der weiße Teil), leicht angedrückt
8 Scheiben **frischer Galgant** (oder 6 Scheiben **frischer Ingwer**)
2 l **Hühnerbrühe** (siehe S.14)
8 **Kaffir-Zitronenblätter**, zerpflückt
1½–3 EL **Fischsauce**
2 EL **Tamarindensaft** (siehe S.14)
4 EL **Limettensaft**
1 TL **Salz**
2 TL **Zucker**
500 g **rohe Garnelen (Shrimps)**, geschält und ohne Darm, Schwänze ungeschält

ZUM SERVIEREN
1 Handvoll **Bohnensprossen**
1 Handvoll **Korianderblätter**

Die Nudeln zum Weichwerden in einer Schüssel mit kochendem Wasser übergießen (oder nach Packungs-anweisung zubereiten). Abgießen, abschrecken und gut abtropfen lassen.

Öl bei mittlerer Hitze in einem großen Topf erwärmen. Knoblauch, Chilis, Zitronengras und Galgant darin braten, bis sie duften. Brühe und Zitronenblätter zufügen und alles zum Kochen bringen. Hitze reduzieren, so dass die Suppe köchelt, Fischsauce, Tamarindensaft, Limettensaft, Salz, Zucker und Garnelen zugeben und alles 2 bis 3 Minuten köcheln, bis sie gar sind. Zum Servieren die Nudeln auf Portionsschalen verteilen, Bohnensprossen darauflegen. Die Brühe mit den Garnelen darüberschöpfen und mit Koriander garnieren.

Pikante Nudelsuppe mit Hähnchen

4 bis 6 Portionen

1 großes **Hähnchen** (ca. 2 kg schwer), in 8 Stücke zerteilt
20 **schwarze Pfefferkörner**
1 Handvoll **Staudensellerieblätter**, grob gehackt
1 **Zwiebel**, abgezogen

WÜRZZUTATEN

1 EL **Pflanzenöl**
4 **Knoblauchzehen**, zerdrückt
1 TL geriebener **frischer Ingwer**
3 **lange rote Chilischoten**, entkernt und fein gehackt
1 **Zwiebel**, fein gehackt
1 TL **Garnelenpaste**
½ TL **gemahlene Kurkuma**
1 EL **gemahlener Koriander**
1 TL **gemahlener Kumin**
1 TL **gemahlener Fenchel**
8 **Kaffir-Zitronenblätter**, zerpflückt
2 EL **gelbe Bohnenpaste**
1–2 EL **Fischsauce**
2 TL **Zucker**
600 g **Reisnudeln** (1 cm breit)

ZUM SERVIEREN

2 **Frühlingszwiebeln**, schräg in dünne Ringe geschnitten
3 EL **frittierte Schalotten** (siehe S. 15)
1 Handvoll **Blätter vom Thai-Basilikum** (oder **Basilikumblätter**)
Limettenspalten

3 Liter Wasser mit Hühnerteilen, Pfefferkörnern, Sellerieblättern und der ganzen Zwiebel in einen großen Topf geben und mit Salz würzen. Zum Kochen bringen, die Hitze reduzieren und 1½ bis 2 Stunden köcheln lassen, dabei immer wieder das Fett von der Oberfläche abschöpfen. Hühnerteile herausnehmen und abkühlen lassen. Haut und Fleisch auslösen, Fleisch mit den Händen zerpflücken. Brühe durchseihen, Pfefferkörner, Sellerie und Zwiebel entfernen.

Öl in einem großen Topf erhitzen. Knoblauch, Ingwer, Chilis und gehackte Zwiebel darin braten, bis sie duften. Garnelenpaste zufügen und so lange braten, bis sie sich trennt. Gewürze zufügen und alles 1 bis 2 Minuten braten. Brühe, Zitronenblätter, gelbe Bohnenpaste, Fischsauce und Zucker zugeben und alles zum Kochen bringen. Hitze reduzieren, so dass die Suppe köchelt. Mit Salz abschmecken.

Die Nudeln mit heißem Wasser übergießen, damit sie weich werden (oder nach Packungsanweisung zubereiten). Abgießen, abschrecken und abtropfen lassen. Auf Portionsschalen aufteilen, das Hühnerfleisch darauflegen und die Suppe darüberschöpfen. Mit Frühlingszwiebeln, frittierten Schalotten und Thai-Basilikum bestreuen und mit Limettenspalten servieren.

Reisnudelsuppe mit Schweinefleisch und Garnelen

4 bis 6 Portionen

2 EL **Pflanzenöl**
2 **Knoblauchzehen**, zerdrückt
1 große **Möhre**, grob gewürfelt
10 **schwarze Pfefferkörner**
200 g **Schweinenacken**
3 l **Hühnerbrühe** (siehe S. 14)
250 g **getrocknete Reisnudeln (Rice Sticks)**
24 **rohe Garnelen (Shrimps)**, geschält und ohne Darm, Schwänze ungeschält
1 EL **Fischsauce**
1 EL **Sojasauce**

ZUM SERVIEREN
1 Handvoll **Bohnensprossen**
2 **Frühlingszwiebeln**, in dünne Ringe geschnitten
1 Handvoll **Korianderblätter**
4 **Vogelaugen-Chilis** (oder andere **rote Chilischoten**), fein gehackt
3 EL **Limettensaft**
2 EL **Fischsauce**

Öl in einem großen Topf erhitzen und den Knoblauch darin braten, bis er duftet. Möhre, Pfefferkörner und Schweinenacken zufügen, umrühren, Brühe hineingießen und alles zum Kochen bringen. Hitze reduzieren und die Suppe 1 Stunde lang köcheln lassen. Dabei das aufsteigende Fett immer wieder von der Oberfläche abnehmen. Schweinefleisch herausnehmen, abkühlen lassen und in dünne Scheiben schneiden.

Nudeln in einem großen Topf mit kochendem Wasser 2 bis 3 Minuten kochen (oder nach Packungsanweisung zubereiten). Abgießen, abschrecken, abtropfen lassen und beiseitestellen.

Brühe durch ein Sieb gießen, feste Bestandteile entfernen. In den gereinigten Topf zurückfüllen und zum Kochen bringen. Garnelen, Fisch- und Sojasauce zufügen, Suppe mit Salz abschmecken und 3 bis 4 Minuten köcheln lassen, bis die Garnelen gar sind.

Nudeln auf Portionsschalen verteilen. Fleischscheiben und Bohnensprossen darauflegen, Brühe mit den Garnelen darüberschöpfen. Mit Frühlingszwiebeln und Koriander garnieren. Chilis, Limettensaft und Fischsauce in einer kleinen Schüssel verrühren und dazureichen.

Eiernudelsuppe
mit Fisch
6 bis 8 Portionen

150 g **Choi Sum** oder **Pak Choi (Chinakohl**
    oder **Mangold)**, kleingeschnitten
400 g **dünne (chinesische) Eiernudeln**
2 l **Hühnerbrühe** (siehe S.14)
1 EL **Sojasauce**
1–2 EL **Fischsauce**
1 EL **Zucker**
1 EL **Salz**
1 Prise **weißer Pfeffer**
500 g **festes Weißfischfilet** (ohne Haut),
    z.B. vom Kabeljau oder Seelachs, schräg
    in dünne Streifen geschnitten

ZUM SERVIEREN
1 Handvoll **Frühlingszwiebeln**, schräg in dünne
    Ringe geschnitten
1 Handvoll **Korianderblätter**
2 EL **frittierte Schalotten** (siehe S.15)
Sojasauce
3 kleine **Vogelaugen-Chilis** (oder andere **rote**
    Chilischoten), in dünne Ringe geschnitten

Salzwasser in einem großen Topf zum Kochen bringen. Das Kohlgemüse darin 20 Sekunden blanchieren. Mit einem Sieblöffel herausnehmen und in einem Sieb unter kaltem Wasser abschrecken. Abtropfen lassen. Die Nudeln im kochenden Wasser 1 bis 2 Minuten garen (oder nach Packungsanweisung zubereiten), kalt abschrecken und abtropfen lassen.

Die Brühe mit Sojasauce, Fischsauce, Zucker, Salz, weißem Pfeffer und dem Fisch in einem großen Topf ca. 2 Minuten lang köcheln lassen, bis der Fisch gar ist.

Nudeln und Kohlgemüse auf Portionsschalen verteilen und die Brühe mit dem Fisch darüberschöpfen. Mit Frühlingszwiebeln, Koriander und frittierten Schalotten garnieren. Sojasauce und Chilis in einer kleinen Schüssel vermengen und zur Suppe reichen.

02 ASIA SALATE

Ein Salat bietet alles, was ich an asiatischem Essen so liebe: den frischen Geschmack, den unterschiedlichen »Biss« der Bestandteile und das belebende Aroma von Kräutern. Südostasiatische Salate sind Hauptmahlzeiten und haben wenig mit dem grünen Blattsalat zu tun, den westliche Gaumen als Beilage zu Nudel- oder Fleischgerichten kennen. Für alle Salatrezepte verwende ich Nudeln, dazu Schweine- oder Rindfleisch, Fisch und Meeresfrüchte oder Gemüse. Zum Schluss werden frische Kräuter wie Minze, Koriander oder Thai-Basilikum untergemischt. Frittierte Schalotten, frittierter Knoblauch, Sesam-samen oder Erdnüsse sind ein knuspriger Kontrast. Gerne gebe ich auch Bohnensprossen dazu: Sie sind zart und knackig und nehmen wie Nudeln die Aromen des Dressings auf. Die Salate werden warm oder in Raumtemperatur serviert. Wählen Sie zwischen leichten Gerichten wie dem Glas-nudelsalat mit Schweinefleisch, Minze und Ingwer oder einem gehaltvollen Salat wie dem Nudelsalat mit Grillhähnchen.

GRUNDREZEPTE

Geröstete Sesamsamen

2 EL **Sesamsamen** (weiß oder schwarz)

Die Sesamsamen bei niedriger Hitze ohne Fett in einer Pfanne rösten. So lange rühren, bis die Samen leicht bräunlich, aber nicht verbrannt aussehen. Abkühlen lassen. In einem luftdicht verschlossenen Behälter bis zu 1 Monat lang haltbar.
Ergibt 2 Esslöffel

Geröstete Nüsse

160 g **ungesalzene Erdnüsse** oder **Cashewkerne**

Nüsse bei niedriger Hitze ohne Fett in einer Pfanne rösten, bis sie außen leicht gebräunt sind. In einem luftdicht verschlossenen Behälter im Kühlschrank bis zu 3 Monate lang haltbar. Bei Bedarf mahlen oder hacken.
Ergibt 160 g

Geröstete Kokosraspeln

30 g **Kokosraspeln**

Kokosraspeln bei mittlerer Hitze ohne Fett in einer Pfanne rösten, bis sie leicht gebräunt sind. In einem luftdicht verschlossenen Behälter bis zu 1 Monat lang haltbar.
Ergibt 30 g

Nuoc Cham

2 **lange rote Chilischoten**, entkernt und grob gehackt
2 **Knoblauchzehen**, abgezogen
2 EL **Puderzucker** (oder **sehr feiner Zucker**)
2 EL **Limettensaft**
2–3 EL **Fischsauce**
1 EL **Essig**

Chilis und Knoblauch im Mörser oder mit Hilfe eines Mixers zu einer Paste verarbeiten. Zucker, Limettensaft, Fischsauce, Essig und 2 oder 3 EL Wasser zugeben (je nachdem, wie viel Fischsauce verwendet wurde) und so lange rühren, bis sich der Zucker aufgelöst hat. In einem luftdicht verschlossenen Gefäß im Kühlschrank bis zu 1 Woche lang haltbar.
Ergibt ca. 160 ml

Chiliessig

100 ml **Reisessig** oder **Kokosessig**
1 EL **Puderzucker** (oder **sehr feiner Zucker**)
3 kleine **Vogelaugen-Chilis** (oder andere **rote Chilischoten**), fein gehackt

Die Zutaten in einer kleinen Schüssel vermischen und so lange rühren, bis der Zucker sich aufgelöst hat. In einem fest verschlossenen Gefäß im Kühlschrank bis zu 1 Woche lang haltbar.
Ergibt ca. 125 ml

Chiliöl

250 ml **Pflanzenöl**
1 EL **Sichuan-Pfefferkörner**
4 **getrocknete rote Chilischoten**, in dünne Ringe geschnitten

Das Öl im Wok bei niedriger Hitze erwärmen. Pfefferkörner und Chilis darin 15 Minuten lang unter Rühren schmoren. Beiseitestellen und abkühlen lassen. 2 bis 3 Tage lang in einem verschlossenen Behältnis aufbewahren, damit das Aroma sich entwickeln kann. Dann das Öl abseihen, Pfefferkörner und Chilis entfernen. Kühl in einem fest verschlossenen Gefäß gelagert ist das Öl bis zu 3 Monate lang haltbar.
Ergibt 250 ml

Reispapierrollen
4 Portionen

60 g **dünne Reisnudeln (Vermicelli)**
8 **Reispapierblätter**
8 Blätter **Kopfsalat**
150 g **geräuchter oder anderer fester Tofu,**
   in 1 cm lange Streifen geschnitten
1 kleine Handvoll **Minzeblätter**
1 kleine **Möhre**, in feine Streifen geschnitten
1 **Gurke**, geschält und in feine
   Streifen geschnitten
1 Handvoll **Korianderblätter**

SAUCENDIP
4 EL **Hoisin-Sauce**
1 EL **Reisessig**
1 EL **Zucker**
1 EL **geröstete Erdnüsse**, gehackt (siehe S. 70)

Reisnudeln in einer Schüssel 5 bis 7 Minuten in heißem Wasser einweichen (oder nach Packungsanweisung zubereiten). Abtropfen lassen und in kürzere Stücke schneiden.

Eine große Schüssel mit heißem Wasser füllen. Die Reispapierblätter jeweils ca. 15 Sekunden ins Wasser tauchen, damit sie weich werden, und auf einem feuchten Küchentuch auslegen. Auf jedes Blatt ein Salatblatt und zwei Streifen Tofu legen. Darauf noch zwei bis drei Minzeblätter, Möhrenstreifen, Gurkenstreifen, Koriandergrün und Reisnudeln geben. Die Unterkante des Reispapiers über die Füllung nach oben schlagen, beide Seitenkanten einschlagen und dann so eng wie möglich einrollen. Die fertigen Rollen unter ein feuchtes Küchentuch legen.

Für den Saucendip alle Zutaten (außer den Erdnüssen) mit zwei Esslöffeln Wasser in einer kleinen Schüssel verrühren, bis der Zucker sich aufgelöst hat. In kleine Portionsschalen umfüllen und mit den Erdnüssen bestreuen. Pro Person zwei Reispapierrollen mit dem Saucendip servieren.

Nudelsalat mit Entenbrust und Koriander

2 bis 4 Portionen

6 **Entenbrüste mit Haut** (à 200 g)

DRESSING
3 EL **helle Sojasauce**
2 EL **schwarzer Reisessig** (oder **Aceto Balsamico**)
1 EL zerstoßener **Palmzucker** (oder **weicher brauner Zucker**)
¼ TL **Sesamöl**
1 EL **Mirin (japanischer Reiswein)** (oder **halbtrockener Sherry**),
nach Belieben
1 TL **gemahlener Koriander**

SALAT
200 g **dünne (chinesische) Eiernudeln**
8 **Zuckerschoten (Mangetout)**, blanchiert und in sehr feine
Streifen geschnitten
6 **Baby-Maiskolben**, blanchiert und schräg in dünne Streifen geschnitten
1 Handvoll **Minzeblätter**
1 Handvoll **Korianderblätter**
3 **rote asiatische Schalotten** (oder 1 große **rote Zwiebel**), in Ringe geschnitten

ZUM SERVIEREN
1 EL **geröstete Kokosraspeln** (siehe S. 70)
1 EL **geröstete Sesamsamen** (siehe S. 70)

Entenbrüste waschen und trocken tupfen, die Haut diagonal einschneiden. Brüste mit der Haut nach unten bei mittlerer Hitze ohne Fett in der Pfanne anbraten. Nach 5 Minuten wenden und in ca. 25 Minuten bei niedriger Hitze vollständig durchgaren. 5 Minuten ruhen lassen, in dünne Scheiben schneiden und beiseitestellen. Alle Dressingzutaten mischen und so lange verrühren, bis der Zucker sich aufgelöst hat.

In einem großen Topf Wasser zum Kochen bringen und die Nudeln darin 1 bis 2 Minuten weichkochen (oder nach Packungsanweisung zubereiten), abgießen, abschrecken und gut abtropfen lassen. Vorsichtig mit den anderen Salatzutaten vermengen, dann so viel Dressing darübergeben, dass alles gut benetzt wird. Salat behutsam, aber gründlich mischen.

Den Nudelsalat auf Portionsteller aufteilen, die Entenbrustscheiben darauflegen und mit Kokosraspeln und Sesamsamen bestreuen. Übriges Dressing dazureichen.

Eiernudelsalat mit Gemüse
4 Portionen

SALAT

400 g **dicke (chinesische) Eiernudeln**

2 **lange rote Chilischoten**, entkernt und in sehr feine Streifen geschnitten

5 **Frühlingszwiebeln**, in sehr feine Streifen geschnitten

40 g **Chinakohl**, gehobelt

1 **Möhre**, in sehr feine Streifen geschnitten

1 große Handvoll **Bohnensprossen**

1 Handvoll **gemischte frische Kräuter**, wie die Blätter von Thai-Basilikum, Minze, vietnamesischem Koriander, Koriander oder Langem Koriander (oder 1 Handvoll **Minze-** und **Korianderblätter**)

DRESSING

4 EL **helle Sojasauce**

4 EL **dunkle Sojasauce**

2 EL **schwarzer Reisessig** (oder **Aceto Balsamico**)

3 TL **Sesamöl**

1 Prise **frisch gemahlener schwarzer Pfeffer**

Alle Dressingzutaten in einer Schüssel gut vermischen.

Die Eiernudeln mit heißem Wasser übergießen, damit sie weich werden, (oder nach Packungsanweisung zubereiten) und gut abtropfen lassen. Unter kaltem Wasser abschrecken und wieder abtropfen lassen. Mit den restlichen Salatzutaten in eine Schüssel geben, mit Salz würzen und alles vorsichtig vermengen. So viel Dressing darübergeben, dass alles gut benetzt wird, und den Salat behutsam, aber gründlich mischen. Auf Portionsteller verteilen, übriges Dressing dazureichen.

Pikanter chinesischer Nudelsalat
4 bis 6 Portionen

2 EL **Pflanzenöl**
1 **Zwiebel**, *fein gehackt*
3 **Knoblauchzehen**, *zerdrückt*
300 g **Hackfleisch vom Rind**
100 g **eingelegter Rettich**, *fein gehackt*
500 g **getrocknete dünne Weizennudeln**

DRESSING
4 EL **dunkle Sojasauce**
1½ EL **schwarzer Reisessig** (oder **Aceto Balsamico**)
1½ EL **Chiliöl** (siehe S. 71)
1 TL **Sesamöl**
½ TL **weißer Pfeffer**
4 **Frühlingszwiebeln**, *fein gehackt*

ZUM SERVIEREN
1 Handvoll **Korianderblätter**, *fein gehackt*

Öl im Wok so heiß werden lassen, dass es raucht. Zwiebel, Knoblauch und Hackfleisch darin 3 bis 4 Minuten unter Rühren anbraten, bis das Fleisch durchgegart ist. Den Rettich unterheben. Den Wok von der Kochstelle nehmen, alles etwas abkühlen lassen.

Die Dressingzutaten in einer Schüssel mischen. Das Dressing über die Fleisch-Rettich-Mischung geben, alles gut vermengen und auf Raumtemperatur abkühlen lassen.

Die Weizennudeln in kochendem Wasser 1 bis 2 Minuten lang weichkochen (oder nach Packungsanweisung zubereiten). Abgießen und mit kaltem Wasser abschrecken. Abtropfen lassen. Zum Servieren die Nudeln auf Portionsteller aufteilen, jeweils etwas Fleisch-Rettich-Mischung daraufgeben und mit Koriander garnieren.

TIPP Eingelegten Rettich gibt es in den meisten Asia-Feinkostläden.

Nudelsalat mit Grillhähnchen

2 bis 4 Portionen

2 **Hähnchenschenkel** (ohne Haut und Knochen)
250 g **dicke (chinesische) Eiernudeln**
1 EL **Pflanzenöl**
1 **lange rote Chilischote**, entkernt und
in sehr feine Streifen geschnitten
1 kleine Handvoll **Minzeblätter**
1 kleine Handvoll **Korianderblätter**

MARINADE
1 EL fein geriebener **frischer Ingwer**
1 EL **Puderzucker** (oder **sehr feiner Zucker**)
2–3 EL **Austernsauce**
3 EL **Shao Xing-Reiswein** (oder **trockener Sherry**)
1 EL **Pflanzenöl**
2 **Knoblauchzehen**, fein gehackt

DRESSING
2 EL **helle Sojasauce**
1/2 TL **Sesamöl**
1 EL **schwarzer Reisessig** (oder **Aceto Balsamico**)
1 EL **Puderzucker** (oder **sehr feiner Zucker**)
2 EL **Limettensaft**

ZUM SERVIEREN
1 EL **geröstete Sesamsamen** (siehe S. 70)

Alle Marinadezutaten in einer großen Schüssel vermengen. Hähnchenfleisch darin wenden, so dass es rundum benetzt ist. Im Kühlschrank mindestens 4 Stunden oder über Nacht marinieren lassen. Alle Dressingzutaten so lange verrühren, bis sich der Zucker aufgelöst hat.

Eiernudeln mit heißem Wasser übergießen, damit sie weich werden, (oder nach Packungs-anweisung zubereiten), abgießen, mit kaltem Wasser abschrecken und gut abtropfen lassen.

Eine Grillpfanne bei mittlerer Hitze erwärmen. Das Öl hineingeben. Wenn es heiß ist, das Hähnchenfleisch auf jeder Seite 5 bis 6 Minuten braten, bis es durchgegart ist. Aus der Pfanne nehmen, 5 Minuten lang warmstellen und in Scheiben schneiden.

Nudeln, Chili, Minze und Koriander vermengen, alles gut mit Dressing benetzen und den Salat vorsichtig mischen. Nudelsalat auf einer großen Servierplatte oder in Portionsschalen anrichten, das in Scheiben geschnittene Hühnerfleisch darauflegen und Sesamsamen darüberstreuen. Übriges Dressing dazureichen.

Nudelsalat mit Fischfilet aus Nordvietnam   4 bis 6 Portionen

400 g **festes Weißfischfilet** (ohne Haut),
  z. B. vom Kabeljau oder Seelachs,
  in dicke Scheiben geschnitten
3 EL **Pflanzenöl**
2 Handvoll **Dill**, grob gehackt
2 **Frühlingszwiebeln**, in Ringe geschnitten

MARINADE
3 **Knoblauchzehen**, abgezogen
4 cm **frischer Galgant**, in Scheiben geschnitten
1 Prise **Salz**
1 EL **gemahlene Kurkuma**
1–2 EL **Fischsauce**
1 Prise **frisch gemahlener schwarzer Pfeffer**
1½ TL **Puderzucker** (oder **sehr feiner Zucker**)
2 EL **Pflanzenöl**
1 Prise **Chilipulver**

SALAT
200 g **Reisnudeln (Vermicelli)**
1 Handvoll **Minzeblätter**, grob gehackt
1 Handvoll **Blätter vom Thai-Basilikum**,
  grob gehackt
120–160 ml **Nuoc Cham** (siehe S. 71)

ZUM SERVIEREN
4 EL gemahlene **geröstete Erdnüsse** (siehe S. 70)

Für die Marinade Knoblauch, Galgant und Salz im Mörser zu einer Paste verarbeiten. Restliche Marinadezutaten zugeben und so lange unterrühren, bis sich der Zucker aufgelöst hat.

Fischscheiben in einer Schüssel mit der Marinade übergießen und so lange wenden, bis sie vollständig von Marinade überzogen sind. Schüssel zudecken und den Fisch im Kühlschrank mindestens vier Stunden oder über Nacht marinieren lassen.

Für den Salat die Nudeln in einer Schüssel mit kochendem Wasser übergießen und 5 bis 7 Minuten weich werden lassen. Nach dem Abtropfen in einer großen Schüssel mit Minze und Thai-Basilikum mischen und so viel Nuoc Cham zugeben, dass alles gut benetzt ist.

Öl im Wok so heiß werden lassen, dass es raucht. Den Fisch darin 2 bis 3 Minuten unter Rühren braten. 3 EL Wasser zugeben und alles noch 3 Minuten braten, bis der Fisch gar ist. Dill und Frühlingszwiebeln unterrühren und den Wok von der Kochstelle nehmen.

Zum Servieren den Nudelsalat in eine große Schüssel füllen, Fischstücke darauflegen und Erdnüsse darüberstreuen. Warm oder kalt servieren.

Glasnudelsalat mit Garnelen und Tintenfisch 2 bis 4 Portionen

150 g fadendünne Mungobohnen-Glasnudeln (Vermicelli)
3 cm frischer Ingwer, gehackt
3 Knoblauchzehen, gehackt
2 kleine rote asiatische Schalotten (oder 1 kleine rote Zwiebel), gehackt
1 Prise Salz
1 EL Pflanzenöl
200 g gesäuberter und vorbereiteter Tintenfisch, in dünne Streifen geschnitten
500 g gekochte Garnelen (Shrimps), geschält und ohne Darm, längs halbiert
1 Handvoll Blätter vom Thai-Basilikum (oder Basilikumblätter)
2 Frühlingszwiebeln, in feine Ringe geschnitten
1 Handvoll Korianderblätter

DRESSING
2 kleine rote Chilischoten, gehackt
1/2 TL Chiliflocken
90 ml Limettensaft
2–3 EL Fischsauce
2 EL Puderzucker (oder sehr feiner Zucker)

ZUM SERVIEREN
2 EL frittierte Schalotten (siehe S. 15)
2 EL gehackte geröstete Erdnüsse (siehe S. 70)
Limettenspalten

Glasnudeln 5 Minuten in kochendem Wasser einweichen (oder nach Packungs-anweisung zubereiten) und gut abtropfen lassen. Mit der Küchenschere in kürzere Stücke schneiden.

Ingwer, Knoblauch, Schalotten und Salz im Mörser zu einer groben Paste verarbeiten. Das Öl im Wok sehr heiß werden lassen und die Paste darin 20 bis 30 Sekunden lang unter Rühren braten, bis sie duftet. Tintenfisch zugeben und noch eine Minute rührbraten, bis er glasig wird. Wok von der Kochstelle nehmen und beiseitestellen.

Alle Dressingzutaten vermischen und so lange rühren, bis sich der Zucker aufgelöst hat. Falls gewünscht, noch mit Fischsauce nachwürzen.

Nudeln, Tintenfisch, Garnelen, Basilikum, Frühlingszwiebeln und Koriander mischen. Dressing darübergießen und alles vorsichtig vermengen. Zum Servieren in eine große Schüssel oder auf Portionsteller geben, mit frittierten Schalotten und Erdnüssen bestreuen. Dazu Limettenspalten reichen.

Soba-Nudelsalat mit Hähnchen
4 bis 6 Portionen

1 EL **Salz**
200 g **japanische Soba-Nudeln** (aus Buchweizen)
125 ml **Hühnerbrühe** (siehe S. 14)
4 EL **Shao Xing-Reiswein** oder **trockener Sherry**
4 cm **frischer Ingwer**, in Scheiben geschnitten
1 **Zwiebel**, geviertelt
500 g **Hühnerbrust** (ohne Haut und Knochen)

DRESSING
1 EL **Mirin (japanischer Reiswein)** (oder **halbtrockener Sherry**)
2 EL **schwarzer Reisessig** (oder **Aceto Balsamico**)
2 EL **helle Sojasauce**
2 EL **Pflanzenöl**
2 TL **Sesamöl**
1 EL **Limettensaft**
2 **Frühlingszwiebeln**, in dünne Ringe geschnitten

ZUM SERVIEREN
1 EL **geröstete Sesamsamen** (siehe S. 70)

3 Liter Wasser mit dem Salz in einem großen Topf zum Kochen bringen. Die Soba-Nudeln darin ohne Deckel 4 bis 5 Minuten kochen (oder nach Packungsanweisung zubereiten). Abgießen, kalt abschrecken, gut abtropfen lassen. Abdecken und in den Kühlschrank stellen.

Brühe, Reiswein, Ingwer und Zwiebel in einem großen Topf zum Kochen bringen, Hühnerbrust zugeben und alles 6 Minuten köcheln lassen. Topf zudecken und das Hähnchen auf der ausgeschalteten Kochplatte in der Brühe auskühlen lassen (es gart während dieser Zeit noch weiter). Hühnerfleisch aus der Brühe nehmen und mit der Hand oder einer Gabel zerpflücken. Brühe weggießen.

Alle Dressingzutaten gut vermischen. Hühnerfleisch und Nudeln in einer Schüssel vermengen und so viel Dressing darübergießen, dass alles gut benetzt ist. Vorsichtig mischen. Zum Servieren die Nudelmischung in eine große Schüssel oder Portionsschalen häufen und mit Sesamsamen bestreuen. Übriges Dressing dazureichen.

Chinesischer Nudelsalat mit Sesamdressing 2 bis 4 Portionen

300 g **dünne (chinesische) Weizennudeln**
2 Handvoll **Bohnensprossen**

DRESSING
2 EL **helle Sojasauce**
2 EL **Kecap Manis**
1 EL **Sesamöl**
2 EL **schwarzer Reisessig**
  (oder **Aceto Balsamico**)
2 TL **Chiliöl** (siehe S. 71)
2 **Vogelaugen-Chilis** (oder andere
  rote Chilischoten), entkernt und
  in feine Streifen geschnitten
1 EL in sehr feine Streifen geschnittener
  frischer Ingwer
2 EL fein gehackte **Korianderwurzel, -stiele**
  und **-blätter**

ZUM SERVIEREN
2 **Frühlingszwiebeln**, in dünne Ringe geschnitten
1 EL **geröstete Sesamsamen** (siehe S. 70)

Die Weizennudeln 1 bis 2 Minuten in kochendem Wasser garen (oder nach Packungsanweisung zubereiten), bis sie weich sind. Abgießen, mit kaltem Wasser abschrecken und gut abtropfen lassen. Die Bohnensprossen 30 Sekunden in heißem Wasser blanchieren und abtropfen lassen.

Alle Dressingzutaten in einer Schüssel gut verrühren.

Nudeln und Bohnensprossen in einer Schüssel mischen. So viel Dressing darübergeben, dass alles gut benetzt ist, und den Salat vorsichtig mischen. In eine Servierschüssel umfüllen und mit Frühlingszwiebeln und Sesamsamen bestreuen. Übriges Dressing dazuservieren.

Reisnudelsalat mit Rindfleisch und Zitronengras 4 bis 6 Portionen

400 g **Rump- oder Lendensteak**, in dünne Streifen geschnitten
3 EL **Pflanzenöl**

MARINADE
2 Stängel **Zitronengras** (nur der weiße Teil), fein gehackt
3 **Knoblauchzehen**, abgezogen
1 TL **Salz**
1 **Zwiebel**, halbiert und in dünne Ringe geschnitten
1/2 TL **frisch gemahlener schwarzer Pfeffer**
1/2–1 EL **Fischsauce**
1/2 TL **Puderzucker** (oder **sehr feiner Zucker**)

SALAT
150 g **Reisnudeln (Vermicelli)**
2 große Handvoll **Bohnensprossen**
1 kleine Handvoll **Minzeblätter**, in Streifen geschnitten
1 kleine Handvoll **Korianderblätter**
1 kleine **Möhre**, in sehr feine Streifen geschnitten
1 **Gärtnergurke**, entkernt und in sehr feine Streifen geschnitten
2 **Eissalatblätter**, grob gehackt
1 Stängel **Zitronengras** (nur der weiche innere Teil), fein gehackt
120–160 ml **Nuoc Cham** (siehe S. 71)

ZUM SERVIEREN
2 EL gehackte **geröstete Erdnüsse** (siehe S. 70)
2 EL **frittierte Schalotten** (siehe S. 15)
Limettenspalten

Für die Marinade Zitronengras, Knoblauch und Salz im Mörser zu einer Paste verarbeiten. Restliche Marinadezutaten unterrühren. Rindfleischstreifen in einer Schüssel mit der Marinade mischen, bis das Fleisch vollständig überzogen ist. Im Kühlschrank mindestens 4 Stunden oder über Nacht marinieren lassen.

Die Vermicelli in einer Schüssel mit heißem Wasser übergießen, 5 bis 7 Minuten einweichen (oder nach Packungsanweisung zubereiten), abgießen und abtropfen lassen. Mit Sprossen, Minze, Koriander, Möhre, Gurke und Salat in eine große Schüssel geben und alles behutsam, aber gründlich mischen. Zitronengras und Nuoc Cham vermengen, zum Salat geben und wieder gut mischen.

Öl im Wok so heiß werden lassen, dass es raucht. Das Rindfleisch portionsweise 3 bis 4 Minuten unter Rühren braten, bis es gar ist.

Salat in eine Servierschüssel umfüllen, Rindfleischstreifen darauflegen. Mit gerösteten Erdnüssen und frittierten Schalotten bestreuen. Mit Limettenspalten servieren, deren Saft über den Salat geträufelt wird.

Somen-Nudelsalat mit Räucherlachs
4 Portionen

200 g **Somen-Nudeln** (oder andere **dünne getrocknete Weizennudeln**)
250 g **Räucherlachs**
20 g (oder ein dünner Bund) **Schnittlauch**, in feine Ringe geschnitten
2-3 **rote asiatische Schalotten** (oder 1-2 **rote Zwiebeln**), in dünne Ringe geschnitten
2 kleine **reife Avocados**, gewürfelt

DRESSING
4 EL **Pflanzenöl**
2½ EL **schwarzer Reisessig** (oder **Aceto Balsamico**)
1 EL **Limettensaft**
1 EL **Mirin (japanischer Reiswein)** (oder **halbtrockener Sherry**), nach Belieben
2 TL **Wasabi**

ZUM SERVIEREN
2 TL **geröstete weiße Sesamsamen** (siehe S. 70)
2 TL **geröstete schwarze Sesamsamen** (siehe S. 70)

Die Nudeln in einem großen Topf mit kochendem Wasser 2 Minuten lang kochen (oder nach Packungsanweisung zubereiten), bis sie gar, aber noch bissfest sind. Abgießen, kalt abschrecken und gut abtropfen lassen. Den Räucherlachs in mundgerechte Stücke zerpflücken.

Alle Dressingzutaten in einer Schüssel gut mischen. Lachs, Schnittlauch, Schalotten und Avocados in einer anderen Schüssel vorsichtig vermengen.

Zum Servieren die Nudeln auf Portionsteller aufteilen, die Lachs-Avocado-Mischung darauf verteilen. Den Salat mit den schwarzen und weißen Sesamsamen bestreuen. Übriges Dressing dazuservieren.

Reisnudelsalat mit Schweinefleisch, Garnelen und Kokosdressing

4 bis 6 Portionen

1 TL **Salz**

250 g **Schweinenacken**

200 g **getrocknete Reisnudeln** (am besten die Sorte mit der Bezeichnung *Bun*)

1 Handvoll **Blätter vom Thai-Basilikum** (oder **Basilikumblätter**), in Streifen geschnitten

1 **Gärtnergurke**, entkernt und in sehr feine Streifen geschnitten

1 Handvoll **Bohnensprossen**

250 g **gekochte Garnelen (Shrimps)**, geschält und ohne Darm, längs halbiert

DRESSING

120 ml **Nuoc Cham** (siehe S. 71)

1–2 EL **Fischsauce**

160 ml **Kokoscreme**

ZUM SERVIEREN

2 EL **frittierte Schalotten** (siehe S. 15)

Limettenspalten

1,5 Liter Wasser mit dem Salz in einem großen Topf zum Kochen bringen, den Schweinenacken hineinlegen und das Wasser wieder zum Kochen bringen. Hitze reduzieren und alles 6 Minuten köcheln lassen. Topf mit Deckel verschließen, Kochplatte abstellen und das Fleisch im Wasser abkühlen lassen (es gart während dieser Zeit noch weiter). Das abgekühlte Fleisch aus dem Wasser nehmen und in dünne Scheiben schneiden.

Nudeln in einer Schüssel mit kochendem Wasser übergießen und 5 bis 7 Minuten weich werden lassen (oder nach Packungsanweisung zubereiten). Abgießen, kalt abschrecken und gut abtropfen lassen.

Alle Dressingzutaten gründlich verrühren.

Nudeln mit Basilikum, Gurke und Bohnensprossen vermengen. So viel Dressing zufügen, dass alles gut benetzt ist, den Salat gut mischen und abschmecken. In eine Servier-schüssel umfüllen, Schweinefleisch und Garnelen darauflegen und mit frittierten Schalotten garnieren. Mit Limettenspalten und übrigem Dressing servieren.

Eiernudelsalat mit gegrilltem Rindfleisch 4 Portionen

3 **Rump- oder Lendensteaks**
  (ohne Fettränder, à 150 g)
1 EL **Erdnussöl**
400 g **dicke (chinesische) Eiernudeln**

DRESSING
185 ml **süße Chilisauce** (siehe S. 108)
1–2 EL **Fischsauce**
3 EL **Limettensaft**
1 EL **Weißweinessig**
1 Prise **Chiliflocken**

SALAT
2 **lange rote Chilischoten**, entkernt und
  in sehr feine Streifen geschnitten
1 Handvoll **Blätter vom Thai-Basilikum**
  (oder **Basilikumblätter**)
1 Handvoll **Minzeblätter**
1 Handvoll **Korianderblätter**
2 **Frühlingszwiebeln**, in dünne Ringe geschnitten

ZUM SERVIEREN
2 EL gehackte **geröstete Erdnüsse** (siehe S. 70)
2 EL **frittierte Schalotten** (siehe S. 15)

Steaks mit dem Öl einpinseln. Eine Grillpfanne bei mittlerer Hitze erwärmen, Steaks darin auf jeder Seite ca. 3 Minuten medium braten. 5 Minuten ruhen lassen und in dünne Streifen schneiden.

Nudeln zum Weichwerden mit heißem Wasser übergießen (oder nach Packungsanweisung zubereiten) und gut abtropfen lassen. In eine große Schüssel umfüllen und mit den Fingern voneinander trennen.

Alle Dressingzutaten gut verrühren. Salatzutaten vermengen, Steakstreifen zugeben und alles mit den Nudeln vermengen. So viel Dressing zugeben, dass alles gut benetzt ist, und den Salat vorsichtig mischen.

Zum Servieren den Salat auf Portionsteller verteilen, mit Erdnüssen und frittierten Schalotten bestreuen. Übriges Dressing dazureichen.

Nudelsalat aus Zentralvietnam
4 Portionen

3 **Knoblauchzehen**, abgezogen
1 Stängel **Zitronengras** (nur der weiße Teil), fein gehackt
1 Prise **Salz**
1 Prise **frisch gemahlener schwarzer Pfeffer**
1/2 TL **gemahlener Sternanis**
1/2 TL **gemahlener Zimt**
2 EL **Puderzucker** (oder **sehr feiner Zucker**)
250 g **Schweinenacken**, in Scheiben geschnitten
1–2 EL **Fischsauce**
125 ml **Sojasauce**
3 EL **Pflanzenöl**

SALAT
250 g **getrocknete Reisnudeln** (am besten mit der Bezeichnung *Bun*)
1 Handvoll **Bohnensprossen**
1 Handvoll **Blätter vom Thai-Basilikum** (oder **Basilikumblätter**), in Streifen geschnitten
1 Handvoll **Minzeblätter**, in Streifen geschnitten
1 Handvoll **Korianderblätter**

ZUM SERVIEREN
2 EL **frittierte Schalotten** (siehe S. 15)
3 EL gehackte **geröstete Erdnüsse** (siehe S. 70)
Chiliessig (siehe S. 71)

Knoblauch, Zitronengras und Salz im Mörser zu einer dicken Paste stampfen. Pfeffer, Sternanis, Zimt und Zucker unterarbeiten. Fleischstreifen mit der Paste in eine Schüssel geben und so lange mischen, bis das Fleisch gleichmäßig überzogen ist. Fleisch abgedeckt im Kühlschrank über Nacht, mindestens aber 4 Stunden marinieren lassen.

Fisch- und Sojasauce mit 150 Milliliter Wasser vermischen. Öl im Wok so heiß werden lassen, dass es raucht, Fleisch darin 3 bis 4 Minuten rührbraten. Saucenmischung zufügen und alles ca. 6 Minuten köcheln lassen, bis das Fleisch gar ist. Fleisch in der Sauce abkühlen lassen.

Nudeln in einer Schüssel mit kochendem Wasser übergießen und 5 bis 7 Minuten weich werden lassen (oder nach Packungsanweisung zubereiten). Abgießen, kalt abschrecken und gut abtropfen lassen. Mit den restlichen Salatzutaten vermengen, etwas Fleischsauce zugeben und alles behutsam mischen.

Zum Servieren den Salat auf Portionsschalen aufteilen, Fleisch mit der restlichen Sauce daraufgeben. Mit frittierten Schalotten und Erdnüssen garnieren und den Chiliessig dazuservieren.

Glasnudelsalat mit Schweinefleisch, Minze und Ingwer 4 bis 6 Portionen

2 EL **Öl**
2 **Knoblauchzehen**, zerdrückt
500 g **Hackfleisch vom Schwein**

SALAT
150 g **fadendünne Mungobohnen-Glasnudeln (Vermicelli)**
1 Handvoll **Minzeblätter**, evtl. halbiert
1 Handvoll **Korianderblätter**
1 große **Frühlingszwiebel**, in dünne Ringe geschnitten
1 kleine **rote asiatische Schalotte** (oder ½ **rote Zwiebel**), in dünne Ringe geschnitten
2 EL in sehr feine Streifen geschnittener **frischer Ingwer**
4 EL gehackte **geröstete Erdnüsse** (siehe S. 70)
2 **Kaffir-Zitronenblätter**, in kleine Stückchen gerissen
1 **lange rote Chilischote**, entkernt und in sehr feine Streifen geschnitten

DRESSING
2 kleine **Vogelaugen-Chilis** (oder andere **rote Chilischoten**), in Ringe geschnitten
½ TL **Chiliflocken**
1½–3 EL **Fischsauce**
1½ TL **Puderzucker** (oder **sehr feiner Zucker**)
4 EL **Limettensaft**

ZUM SERVIEREN
große **Weißkohlblätter**

Öl im Wok so heiß werden lassen, dass es raucht. Knoblauch und Hackfleisch darin 3 bis 4 Minuten unter Rühren braten. 3 Esslöffel Wasser zufügen und das Fleisch in ca. 2 Minuten durchgaren. Von der Kochstelle nehmen und auf Zimmertemperatur abkühlen lassen.

Nudeln 5 Minuten in kochendem Wasser einweichen (oder nach Packungsanweisung zubereiten) und gut abtropfen lassen. Mit der Küchenschere in kürzere Stücke schneiden.

Alle Dressingzutaten so lange verrühren, bis der Zucker sich aufgelöst hat. Schweinefleisch und Nudeln mit den restlichen Salatzutaten vermengen, so viel Dressing zufügen, dass alles gut benetzt ist, und den Salat vorsichtig mischen. Zum Servieren Salat in eine große Schüssel umfüllen und Weißkohlblätter dazureichen.

03ASIAPFANNEN

Die Chinesen kennen den Begriff *wok hei* (»Atem des Woks«), der den wunderbaren Duft und das durch die Hitze versiegelte Aroma von Speisen meint, die im Wok auf den Punkt gegart wurden. Und genau das mag auch ich bei Gebratenem am liebsten: Farbe und Geschmack, ja der ganze Charakter der Zutaten wird durch die Hitze eingeschlossen, und der Wok lässt zusätzlich ein köstliches Raucharoma entstehen. Nudeln eignen sich bestens zum Braten im Wok, als Haupt- oder Nebenzutat, zusammen mit frischem Gemüse, Fisch, Meeresfrüchten oder Fleisch. Gewöhnlich muss man sie nur kurz einweichen oder kochen, bevor sie mit den anderen Zutaten in den Wok wandern. Ich verwende oft chinesische Weizennudeln mit Ei, die sehr fest und dick sind und somit viel Sauce aufnehmen können. Auch Reisnudeln mag ich gern, weil sie so weich und samtig sind und die Geschmacksnuancen der Sauce aufnehmen. Damit auch Sie den *wok hei* erleben können, müssen zuerst alle Zutaten vorbereitet und die Saucen angerührt sein. Lassen Sie den Wok richtig heiß werden und arbeiten Sie zügig: Wenn Sie mit dem Braten einmal angefangen haben, muss alles blitzschnell gehen!

GRUNDREZEPTE

Süße Chilisauce

3 **Knoblauchzehen**, abgezogen
3 **lange rote Chilischoten**
500 ml **Reisessig**
'330 g **Zucker**
1 TL **Salz**

Knoblauch und Chilis im Mörser, mit dem Pürierstab oder im Mixer zu einer Paste verarbeiten.

Alle Zutaten mit 500 Milliliter Wasser in einem Topf zum Kochen bringen. Hitze reduzieren und die Sauce durch Köcheln auf die Hälfte reduzieren, bis sie leicht sirupartig ist. Von der Kochstelle nehmen und abkühlen lassen. Im Kühlschrank bis zu 1 Monat lang haltbar. Man kann die Sauce auch portionsweise einfrieren.
Ergibt ca. 750 ml

Scharfe Satay-Sauce

4 **Frühlingszwiebeln** (nur der weiße Teil), grob gehackt
2 EL **Pflanzenöl**
6 **Knoblauchzehen**, fein gehackt
2 EL fein gehacktes **Zitronengras**
1 EL **Chiliflocken**
1 EL **Sojasauce**
1½ EL **Zucker**
1 TL **Salz**

Die gehackten Frühlingszwiebeln im Mixer oder mit dem Pürierstab zu einer Paste verarbeiten.

Das Öl im Wok sehr heiß werden lassen. Frühlingszwiebeln, Knoblauch und Zitronengras darin braten, bis sie duften. Von der Kochstelle nehmen, übrige Zutaten zufügen. Alles gut verrühren und abkühlen lassen. Bedeckt mit einer dünnen Schicht Öl in einem luftdicht verschlossenen Behälter bis zu 1 Woche im Kühlschrank haltbar.
Ergibt ca. 175 g

Gemüsebrühe

2 EL **Pflanzenöl**
2 Scheiben **frischer Ingwer**
2 **Knoblauchzehen**, zerdrückt
2 **Frühlingszwiebeln**, in 3 cm lange
   Stücke geschnitten
1 **Zwiebel**, grob gehackt
1 **Möhre**, grob gehackt
1 **Daikon-Rettich**, grob gehackt
2 Stangen **Staudensellerie**, grob gehackt

Das Öl in einem großen Topf erhitzen, Ingwer, Knoblauch und Gemüse zugeben und unter Rühren braten, bis sie duften. 3 Liter Wasser dazugießen und alles zum Kochen bringen. Die Hitze reduzieren und die Brühe 30 Minuten köcheln lassen. Abkühlen lassen und durch ein Sieb gießen. In Kühlschrank 3 Tage lang haltbar. Kann auch in kleinen Portionen bis zu 6 Monate lang in der Tiefkühltruhe aufbewahrt werden.

Ergibt ca. 2,75 l

Chilimus

60 g **getrocknete Garnelen**
40 **getrocknete lange rote Chilischoten**
Pflanzenöl zum Frittieren
12 **rote asiatische Schalotten** (oder 6 **rote Zwiebeln**),
   längs in Scheiben geschnitten
20 **Knoblauchzehen**, längs in Scheiben geschnitten
3–4 EL **Fischsauce**
85 g zerstoßener **Palmzucker**
(oder **weicher brauner Zucker**)
2 EL **Tamarindensaft** (siehe S.14)

Die getrockneten Garnelen 10 bis 15 Minuten in heißem Wasser einweichen. Abgießen und vollständig trocknen. Von den Chilis Stiele und Kerne entfernen und die Schoten 10 Minuten in heißem Wasser einweichen. Abgießen, trocken tupfen und grob hacken.

Wok oder Fritteuse zu einem Drittel mit Öl füllen und das Öl auf 180°C erhitzen. (Ein Brotwürfel bräunt darin in 15 Sekunden.) Schalotten, Knoblauch, gehackte Chilis und getrocknete Garnelen nacheinander goldgelb frittieren. (Vorsicht, dass nichts verbrennt!) Auf Küchenkrepp abtropfen lassen. Öl abkühlen lassen.

Schalotten, Knoblauch, Chilis und Garnelen mit 4 bis 5 Esslöffeln des abgekühlten Frittieröls im Mörser, mit dem Pürierstab oder im Mixer zu einer Paste verarbeiten.

Die Paste im heißen Wok zum Kochen bringen und mit Fischsauce, Zucker und Tamarindensaft würzen. Hitze reduzieren und alles unter regelmäßigem Rühren so lange köcheln, bis ein dickes Mus entstanden ist. Von der Kochstelle nehmen und abkühlen lassen. In einem luftdicht verschlossenen Behälter bis zu 3 Wochen im Kühlschrank haltbar.

Ergibt ca. 300 g

Gebratene Eiernudeln mit chinesischem Gemüse

2 bis 4 Portionen

200 g **dicke (chinesische) Eiernudeln**
3 EL **Pflanzenöl**
100 g **fester Tofu**, in Scheiben geschnitten
150 g **chinesischer Brokkoli (Gai Larn)**
    oder **Brokkoli**, in mundgerechte
    Stücke geschnitten
100 g **Choi Sum** (oder **Mangold**),
    in 5 cm lange Stücke geschnitten
150 g **Baby-Maiskolben**, zweimal
    schräg durchgeschnitten
3 EL **Gemüsebrühe** (siehe S.109) oder **Wasser**
1 EL **Austernsauce**
1 EL **dunkle Sojasauce**
1 Handvoll **Bohnensprossen**

WÜRZPASTE
2 **getrocknete lange rote Chilischoten**
1 **Knoblauchzehe**, abgezogen
2 **rote asiatische Schalotten**
    (oder 1 **rote Zwiebel**), abgezogen
1 Prise **Salz**

ZUM SERVIEREN
1 Handvoll **Korianderblätter**
Limettenspalten

Für die Würzpaste die Kerne und Stiele der getrockneten Chilis entfernen und die Schoten 10 Minuten in heißem Wasser einweichen. Abtropfen lassen und grob hacken. Chilis, Knoblauch, Schalotten und Salz im Mörser zu einer Paste verarbeiten.

Die Eiernudeln mit warmem Wasser abspülen, um sie zu trennen, (oder nach Packungsanweisung zubereiten) und abtropfen lassen.

Das Öl im heißen Wok erhitzen und die Paste braten, bis sie duftet. Tofu darin 1 Minute unter Rühren braten. Nudeln, grünes Gemüse und Mais zugeben und alles 2 Minuten rührbraten. Brühe, Austernsauce, Sojasauce und Bohnensprossen zugeben und alles noch 1 Minute rührbraten.

Das Gericht auf Portionsteller aufteilen. Mit Koriander garnieren und mit Limettenspalten servieren.

TIPP Ohne Austernsauce für Vegetarier geeignet.

Gebratene Eiernudeln mit Entenbrust

2 bis 4 Portionen

300 g **dicke (chinesische) Eiernudeln**
3 **Entenbrüste mit Haut** (à 200 g)
3 EL **Pflanzenöl**
2 **Knoblauchzehen**, zerdrückt
150 g **Baby-Pak Choi**, längs geviertelt,
(oder 150 g **Mangold**, Blätter in Streifen geschnitten)
1½ EL **Austernsauce**
1½ El **helle Sojasauce**
1 Prise **Salz**
1 Prise **weißer Pfeffer**

ZUM SERVIEREN
1 kleine Handvoll **Bohnensprossen**
1 **Frühlingszwiebel**, schräg in dünne Ringe geschnitten

Die Eiernudeln mit warmem Wasser abspülen, um sie zu trennen, (oder nach Packungs-anweisung zubereiten) und abtropfen lassen. Entenbrüste waschen und trocken tupfen, die Haut diagonal einschneiden. Brüste mit der Haut nach unten bei mittlerer Hitze ohne Fett in der Pfanne anbraten. Nach 5 Minuten wenden und in ca. 25 Minuten bei niedriger Hitze voll-ständig durchgaren. 5 Minuten ruhen lassen, in dünne Scheiben schneiden und beiseitestellen.

Öl im heißen Wok erhitzen. Den Knoblauch darin 20 bis 30 Sekunden unter Rühren braten, bis er duftet. Dann die Nudeln zugeben und 1 Minute rührbraten, bis sie etwas weich geworden sind. Enten-streifen und Pak Choi zugeben, weitere 1 bis 2 Minuten rührbraten. Austernsauce, Sojasauce, Salz, weißen Pfeffer und 3 Esslöffel Wasser zugeben und noch 1 Minute rührbraten, bis die Nudeln die Flüssig-keit fast ganz aufgenommen haben.

Zum Servieren die Nudeln in eine große Schüssel häufen, Bohnensprossen darauflegen und mit Frühlings-zwiebel garnieren.

Rindfleisch-Nudeln Chow Mein

2 bis 4 Portionen

150 g **Rump- oder Lendensteak**, in dünne Streifen geschnitten
150 g **(chinesische) Eiernudeln** (schmale Bandnudeln)
2 EL **Pflanzenöl**
1 **Zwiebel**, in dünne Ringe geschnitten
1 kleine **rote Paprikaschote**, in sehr feine Streifen geschnitten
20 g gehobelter **Chinakohl**
1 Handvoll **Bohnensprossen**

SAUCE
1 EL **Shao Xing-Reiswein** (oder **trockener Sherry**)
1 EL **helle Sojasauce**
1 EL **dunkle Sojasauce**
1 Prise **Zucker**
1 Prise **Salz**

MARINADE
1 **Knoblauchzehe**, fein gehackt
1/2 TL **Sesamöl**
1 TL **helle Sojasauce**
1 Prise **frisch gemahlener schwarzer Pfeffer**

ZUM SERVIEREN
2 **Frühlingszwiebeln**, schräg in dünne Ringe geschnitten

Die Marinadezutaten in einer Schüssel gut mischen. Steakstreifen in die Marinade geben und wenden, so dass sie gut von Marinade überzogen sind. Im Kühlschrank 30 Minuten lang marinieren lassen.

Nudeln 20 Minuten in warmem Wasser einweichen (oder nach Packungsanweisung bissfest kochen) und gut abtropfen lassen. Alle Saucenzutaten vermischen und beiseitestellen.

Das Öl im Wok sehr heiß werden lassen. Das Rindfleisch darin 2 Minuten lang unter Rühren braten. Zwiebel, Paprika und Chinakohl zugeben und noch 2 bis 3 Minuten rührbraten, bis die Gemüse gegart, aber noch bissfest sind. Nudeln und Bohnensprossen zugeben, die Sauce hineingießen und weitere 1 bis 2 Minuten rührbraten.

Zum Servieren Nudeln und Rindfleisch auf eine Platte häufen und mit Frühlingszwiebeln garnieren.

Knusprige Nudeln mit Gemüse
2 bis 4 Portionen

Pflanzenöl zum Frittieren
200 g **dünne (chinesische) Eiernudeln** (zum Frittieren geeignet)
1 **Knoblauchzehe**, zerdrückt
150 g **grüner Spargel**, schräg in 2 cm lange Stücke geschnitten
2 **Baby-Pak Choi**, längs geviertelt, (oder 150 g **Mangold**, Blätter in Streifen geschnitten)
150 g **Zuckerschoten (Mangetout)**, schräg halbiert
4 große **Austernpilze**, grob zerpflückt
150 g **Baby-Maiskolben**, schräg halbiert
125 ml **Gemüsebrühe** oder **Wasser**
3 EL **Shao Xing-Reiswein** (oder **trockener Sherry**)
1 EL **helle Sojasauce**
1 EL **dunkle Sojasauce**
2 TL **Zucker**
1/2 TL **Sesamöl**
1 TL **Salz**
1 EL **Stärkemehl** (am besten Maisstärke)

ZUM SERVIEREN
Korianderblätter (nach Belieben)
1 Prise **weißer Pfeffer**

Wok oder Fritteuse zu einem Drittel mit Öl füllen und auf 180 °C erhitzen. (Ein Brotwürfel bräunt darin in 15 Sekunden.) Eiernudeln vorsichtig hineingeben und 20 bis 30 Sekunden (oder nach Packungsanweisung) frittieren, bis sie knusprig aufgegangen und golden sind. Auf Küchenkrepp abtropfen lassen und warm stellen. 1 Esslöffel des Frittieröls zurückbehalten.

Das zurückbehaltene Öl in einem sauberen Wok erhitzen. Den Knoblauch darin 20 bis 30 Sekunden unter Rühren braten, bis er duftet. Alle Gemüse zugeben und noch 2 bis 3 Minuten rührbraten, bis die Gemüse gegart, aber noch bissfest sind. Auf eine angewärmte Platte umfüllen.

Brühe, Wein, Sojasaucen, Zucker, Sesamöl und Salz im gereinigten Wok zum Kochen bringen. Stärkemehl mit 1 Esslöffel Wasser verrühren. Gemüse wieder in den Wok geben, die Stärkemehlmischung darübergießen und so lange behutsam rühren, bis die Sauce andickt. Zum Servieren die knusprigen Nudeln auf einer Platte anrichten und die Gemüse darauflegen. Nach Belieben mit Koriander garnieren und mit weißem Pfeffer bestreuen.

Reisnudeln Pad Thai mit Ei und frittiertem Tofu

1 bis 2 Portionen

150 g **getrocknete Reisnudeln** (dünne Bandnudeln)
1 EL **getrocknete Garnelen**
Pflanzenöl zum Frittieren
50 g **fester Tofu**, in dünne, 2 cm lange
Streifen geschnitten
¼ **Zwiebel**, in dünne Ringe geschnitten
2 **Eier**, leicht verschlagen
1 große Handvoll **Bohnensprossen**
25 g **Schnittknoblauch** (oder **Schnittlauch**),
in 2 cm lange Stücke geschnitten

SAUCE
1–1½ EL **Fischsauce**
1 EL zerstoßener **Palmzucker** (oder **weicher brauner Zucker**)
1 EL **Tamarindensaft** (siehe S.14)
½–1 EL **Austernsauce**

ZUM SERVIEREN
1 EL gehackte **geröstete Erdnüsse** (siehe S.70)
Limettenspalten

Nudeln 30 Minuten in kaltem Wasser einweichen (oder nach Packungsanweisung bissfest zubereiten). Abtropfen lassen. Die getrockneten Garnelen 10 bis 15 Minuten in heißem Wasser einweichen. Abtropfen lassen und hacken. Alle Saucenzutaten in einem kleinen Topf bei niedriger Hitze zum Köcheln bringen und so lange rühren, bis der Zucker sich aufgelöst hat.

Wok oder Fritteuse zu einem Drittel mit Öl füllen und auf 180 °C erhitzen. (Ein Brotwürfel bräunt darin in 15 Sekunden.) Tofu 1 Minute lang goldgelb frittieren und auf Küchenkrepp abtropfen lassen. 1 Esslöffel des Frittieröls zurückbehalten.

Das zurückbehaltene Öl im heißen sauberen Wok erhitzen. Die Zwiebel darin 1 Minute lang unter Rühren braten, bis sie duftet. Das verschlagene Ei einrühren, Tofu, Garnelen und Nudeln zugeben und 1 Minute rührbraten. Sauce hineingießen, alles 30 Sekunden köcheln lassen. Bohnensprossen und Schnittknoblauch unterheben und noch 30 Sekunden rührbraten.

Zum Servieren die Nudeln auf eine Platte häufen und mit gerösteten Erdnüssen bestreuen. Dazu Limettenspalten reichen.

Eiernudeln mit Rindfleisch und Gemüse 2 Portionen

2 getrocknete **Shiitake-Pilze**
150 g **(chinesische) Eiernudeln**
   (schmale Bandnudeln)
150 g **Rumpsteak**, in dünne Streifen geschnitten
2 EL **Pflanzenöl**
1 **Knoblauchzehe**, fein gehackt
1 TL fein geriebener **frischer Ingwer**
50 g **Chinakohl**, in dünne Streifen geschnitten
1/2 **Möhre**, in sehr feine Streifen geschnitten
1 Handvoll **Bohnensprossen**
25 g (1/4 Bund) **Schnittknoblauch**
   (oder **Schnittlauch**), in 3 cm lange Stücke
   geschnitten

MARINADE
1 EL **Shao Xing-Reiswein** (oder **trockener Sherry**)
1 Prise **Salz**
1 Prise **frisch gemahlener schwarzer Pfeffer**

SAUCE
2 EL **Hühnerbrühe** (siehe S.14) oder **Wasser**
1 EL **helle Sojasauce**
1–11/2 EL **Austernsauce**
1/2 TL **Sesamöl**
1 Prise **frisch gemahlener schwarzer Pfeffer**

ZUM SERVIEREN
1 kleine Handvoll **Korianderblätter**

Die Pilze in heißem Wasser weich werden lassen. Abtropfen lassen, Stiele entfernen, Kappen in dünne Streifen schneiden. Nudeln 20 Minuten in warmem Wasser einweichen (oder nach Packungsanweisung zubereiten), gut abtropfen lassen.

Marinadezutaten in einer Schüssel mischen. Rindfleischstreifen in die Marinade legen und so lange wenden, bis sie ganz überzogen sind. Saucenzutaten vermischen, Sauce beiseitestellen.

Öl im Wok sehr heiß werden lassen. Rindfleisch mit der Marinade darin 1 Minute unter Rühren braten. Knoblauch und Ingwer zugeben und noch 20 bis 30 Sekunden rührbraten, bis alles duftet.

Pilze, Kohl und Möhre zugeben und alles garen, bis der Kohl welk auszusehen beginnt. Nudeln und Bohnensprossen zugeben und noch 1 Minute rührbraten. Die Sauce hineingießen und alles ca. 2 Minuten garen, bis die Nudeln die Flüssigkeit fast ganz aufgenommen haben. Schnittknoblauch unterheben.

Zum Servieren das Nudelgericht auf eine Platte häufen und mit Koriander garnieren.

Gebratene Reisnudeln mit Gemüse

2 bis 4 Portionen

3 EL **Pflanzenöl**

250 g **Reisnudeln** (1 cm breit)

1 EL **Austernsauce**

2 EL **dunkle Sojasauce**

1 **Knoblauchzehe**, zerdrückt

1 TL geriebener **frischer Ingwer**

150 g **chinesischer Brokkoli (Gai Larn)** oder **Brokkoli**, in mundgerechte Stücke geschnitten

125 g **Zuckerschoten (Mangetout)**, schräg halbiert

150 g **Baby-Maiskolben**, längs halbiert

1 EL **Stärkemehl** (am besten Maisstärke)

1 EL **helle Sojasauce**

1 Prise **Salz**

ZUM SERVIEREN

1 kleine Handvoll **Korianderblätter**

1 Prise **weißer Pfeffer**

Sojasauce

Reisnudeln zum Weichwerden mit kochendem Wasser übergießen (oder nach Packungsanweisung bissfest garen). Abgießen, abschrecken und gut abtropfen lassen. 2 Esslöffel des Öls im Wok erhitzen. Nudeln darin ca. 1 Minute unter Rühren braten. Austernsauce und 1 Esslöffel der dunklen Sojasauce zugeben und noch 30 Sekunden rührbraten. Nudeln aus dem Wok nehmen und warmstellen.

Den restlichen Esslöffel Öl im heißem Wok erhitzen. Knoblauch und Ingwer darin 20 bis 30 Sekunden rührbraten, bis sie duften. Brokkoli, Zuckerschoten, Baby-Mais und 125 Milliliter Wasser zugeben und alles zum Kochen bringen.

Stärkemehl mit 1 Esslöffel Wasser verquirlen. Wenn die Flüssigkeit im Wok kocht, helle Sojasauce, den übrigen Esslöffel dunkle Sojasauce und Salz zugeben. Langsam die Stärkemehlmischung zufügen und so lange rühren, bis die Sauce andickt.

Zum Servieren die warmen Nudeln in eine flache Schale geben. Die Gemüse darauflegen, alles mit Koriander und weißem Pfeffer bestreuen. Dazu Sojasauce reichen.

TIPP Ohne Austernsauce für Vegetarier geeignet.

Eiernudel-Combo mit Huhn, Garnelen und Schweinefleisch
2 bis 4 Portionen

180 g **dünne (chinesische) Eiernudeln**
2 EL **Pflanzenöl**
80 g **Hühnerbrust** (ohne Haut und Knochen), in dünne Scheiben geschnitten
1 **Knoblauchzehe**, fein gehackt
8 **rohe Garnelen (Shrimps)**, geschält und ohne Darm, Schwänze ungeschält
100 g **Baby-Pak Choi**, längs geviertelt, (oder 100 g **Mangold**, Blätter in Streifen geschnitten)
80 g **gegrilltes Schweinefleisch** (am besten **Char Siu**, siehe Tipp S. 42), in dünne Streifen geschnitten
1 kleine **Möhre**, in sehr feine Streifen geschnitten
3 **Frühlingszwiebeln**, in 3 cm lange Stücke geschnitten
1 Handvoll **Bohnensprossen**
1 kleine Handvoll **Korianderblätter**

SAUCE
1½–2½ EL **Austernsauce**
1 Prise **frisch gemahlener schwarzer Pfeffer**

Die Nudeln 20 Minuten in warmem Wasser einweichen (oder nach Packungsanweisung bissfest zubereiten) und gut abtropfen lassen. Saucenzutaten mit 2 Esslöffeln Wasser verrühren und Sauce beiseitestellen.

Öl im Wok so heiß werden lassen, dass es raucht. Hähnchen und Knoblauch darin 1 Minute unter Rühren braten. Garnelen zugeben und weitere 2 bis 3 Minuten rührbraten, bis Hühnerfleisch und Garnelen fast gar sind. Pak Choi, Schweinefleisch, Möhre, Frühlingszwiebeln und 3 Esslöffel Wasser zugeben. Alles 2 Minuten schmoren, bis der Pak Choi gar ist. Nudeln, Bohnensprossen und Sauce zugeben. Mit Salz würzen und alles noch 2 Minuten lang garen. Das Gericht mit Koriander bestreut servieren.

Hähnchen-Eiernudeln mit Teriyaki-Sauce 2 bis 4 Portionen

250 g **Hühnerbrust** (ohne Haut und Knochen), in dünne Scheiben geschnitten
2 EL **Teriyaki-Sauce**
250 g **dünne (chinesische) Eiernudeln**
70 g **Weißkohlblätter**, in 3 cm lange Streifen geschnitten
1 kleine **Möhre**, in sehr feine Streifen geschnitten
3 EL **Pflanzenöl**
1/2 **Zwiebel**, in dünne Ringe geschnitten
2 **Knoblauchzehen**, fein gehackt
1 Handvoll **Bohnensprossen**
2 **Frühlingszwiebeln**, in 3 cm lange Stücke geschnitten
1 Handvoll **Korianderblätter**

SAUCE
4 EL **Teriyaki-Sauce**
1 EL **helle Sojasauce**
1 Prise **frisch gemahlener schwarzer Pfeffer**

Das Hühnerfleisch in der Teriyaki-Sauce wenden, so dass es gut überzogen ist, und im Kühlschrank marinieren lassen.

Die Nudeln 20 Minuten in warmem Wasser weich werden lassen (oder nach Packungsanweisung bissfest zubereiten). Gut abtropfen lassen. Kohl und Möhre 1 Minute in kochendem Wasser blanchieren, kalt abschrecken und gut abtropfen lassen.

Die Saucenzutaten mit 3 Esslöffeln Wasser mischen und beiseitestellen.

Öl im Wok so heiß werden lassen, dass es raucht. Zwiebel, Knoblauch und Hähnchen darin 3 bis 4 Minuten unter Rühren braten, bis das Hühnerfleisch fast gar ist. Sauce hineingießen, Nudeln, Kohl, Möhre und Bohnensprossen zugeben und alles kochen, bis die Sauce reduziert ist. Frühlingszwiebeln untermischen. Mit Koriander bestreut servieren.

Jakobsmuscheln mit Eiernudeln und chinesischem Brokkoli

2 bis 4 Portionen

200 g **(chinesische) Eiernudeln** (schmale Bandnudeln)
300 g **chinesischer Brokkoli (Gai Larn)** oder **Brokkoli**, in mundgerechte Stücke geschnitten, dicke Stiele längs halbiert
3 EL **Pflanzenöl**
12 **Jakobsmuscheln** (ohne Rogen)
2 **Knoblauchzehen**, fein gehackt

SAUCE
1 TL **Sesamöl**
1–2 EL **helle Sojasauce**
1–2 EL **Austernsauce**
½ TL **Zucker**
1 Prise **frisch gemahlener schwarzer Pfeffer**

ZUM SERVIEREN
1 **lange rote Chilischote**, entkernt und in Streifen geschnitten
2 **Frühlingszwiebeln**, schräg in dünne Ringe geschnitten
1 kleine Handvoll **Korianderblätter**

Nudeln 20 Minuten lang in warmem Wasser weich werden lassen (oder nach Packungsanweisung bissfest zubereiten) und gut abtropfen lassen. Den Brokkoli 1 Minute lang in kochendem Wasser blanchieren, kalt abschrecken und gut abtropfen lassen.

1 Esslöffel des Öls in einem Wok so heiß werden lassen, dass es raucht. Jakobsmuscheln darin portionsweise auf jeder Seite 1 Minute braten. Auf Küchenkrepp abtrocknen lassen.

Die Saucenzutaten so lange mit 4 Esslöffeln Wasser verrühren, bis der Zucker sich aufgelöst hat.

Die restlichen 2 Esslöffel Öl im Wok sehr heiß werden lassen, bis es raucht. Knoblauch darin braten, bis er duftet. Nudeln und Brokkoli zugeben und 1 Minute braten. Sauce und Jakobsmuscheln zugeben und alles so lange garen, bis die Flüssigkeit fast ganz aufgenommen ist. Nudelgericht auf eine große Platte oder Portionsteller umfüllen und mit Chili, Frühlingszwiebeln und Koriander garnieren.

Hähnchen mit Reisnudeln und süßer Chilisauce 2 bis 4 Portionen

150 g **getrocknete dünne Reisnudeln (Rice Sticks)**
2 EL **Öl**
250 g **Hühnerbrust** (ohne Haut und Knochen), in dünne Scheiben geschnitten
1 **Zwiebel**, in dünne Ringe geschnitten
1 **Knoblauchzehe**, fein gehackt
100 g **Brokkoli**, in mundgerechte Stücke zerteilt
80 g **Zuckerschoten (Mangetout)**, in sehr feine Streifen geschnitten
1 Handvoll **Bohnensprossen**

SAUCE
4 EL **süße Chilisauce** (siehe S. 108)
2–3 EL **Austernsauce**

ZUM SERVIEREN
2 **Frühlingszwiebeln**, in dünne Ringe geschnitten
1 kleine Handvoll **Korianderblätter**

Reisnudeln 30 Minuten in kaltem Wasser einweichen (oder nach Packungsanweisung bissfest zubereiten) und gut abtropfen lassen. Saucenzutaten mit 2 Esslöffeln Wasser vermischen und beiseitestellen.

Öl im Wok so heiß werden lassen, dass es raucht. Hähnchen, Zwiebel und Knoblauch darin 2 bis 3 Minuten unter Rühren braten, bis das Hähnchen fast gar ist. Brokkoli, Zuckerschoten und 2 Esslöffel Wasser zufügen und alles 2 Minuten garen. Nudeln und Bohnensprossen untermischen, Sauce darübergießen und weitere 2 Minuten rührbraten, bis die Nudeln die Sauce fast ganz aufgenommen haben.

Zum Servieren Nudeln auf Portionsschalen verteilen oder auf eine Servierplatte häufen und mit Frühlingszwiebeln und Koriander garnieren.

Pikante Eiernudeln mit Rindfleisch

2 bis 4 Portionen

150 g **Rump-** oder **Lendensteak**, in feine Streifen geschnitten
1 **Knoblauchzehe**, fein gehackt
1 kleine **Zwiebel**, in dünne Ringe geschnitten
2 EL **Pflanzenöl**
200 g **dicke (chinesische) Eiernudeln**
75 g **Weißkohl**, in dünne Streifen geschnitten
1 kleine **Möhre**, in sehr feine Streifen geschnitten
2 **Frühlingszwiebeln**, in dünne Ringe geschnitten
40 g **grüne Bohnen**, schräg in dünne Streifen geschnitten
1 **Tomate**, geachtelt

SAUCE
2 TL **scharfe Satay-Sauce** (siehe S.108)
1–1½ TL **Austernsauce**

ZUM SERVIEREN
1 kleine Handvoll **Korianderblätter**
1 **lange rote Chilischote**, entkernt und in Streifen geschnitten

Steakstreifen mit Knoblauch, Zwiebel und 1 Esslöffel Öl vermengen. 15 bis 20 Minuten im Kühlschrank marinieren lassen.

Eiernudeln unter warmem Wasser spülen, um sie zu trennen, (oder nach Packungsanweisung bissfest zubereiten) und gut abtropfen lassen. Saucenzutaten mit 4 Esslöffeln Wasser verrühren und beiseitestellen.

Den restlichen Esslöffel Öl im Wok so heiß werden lassen, dass es raucht. Rindfleisch mit Marinade darin 1 bis 2 Minuten unter Rühren braten, so dass das Fleisch halb gar ist. Kohl, Möhre, Frühlingszwiebeln, Bohnen und Tomate zugeben und alles 3 bis 4 Minuten rührbraten. Sauce darübergießen, Nudeln unterheben und so lange weiter rührbraten, bis die Nudeln die Sauce fast ganz aufgenommen haben.

Zum Servieren die Nudeln in eine Schüssel häufen und mit Koriander und Chilis bestreuen.

Reisnudel-Pfannkuchen mit Garnelen und Gemüse   2 bis 4 Portionen

150 g **fadendünne Reisnudeln (Vermicelli)**
100 ml **Pflanzenöl**
1 **Knoblauchzehe**, fein gehackt
10 **rohe Riesengarnelen (King Prawns)**,
   geschält und ohne Darm
1/2 TL fein geriebener **frischer Ingwer**
4 **Baby-Maiskolben**, längs halbiert
1/2 **Möhre**, schräg in dünne
   Scheiben geschnitten
40 g **Brokkoli**, in mundgerechte
   Stücke geschnitten
2 **Frühlingszwiebeln**, in 3 cm lange
   Stücke geschnitten
1 kleine Handvoll **Bohnensprossen**

SAUCE
100 ml **Hühnerbrühe** (siehe S.14)
2 EL **Austernsauce**
1 TL **helle Sojasauce**
1 Prise **Zucker**
1 Prise **frisch gemahlener schwarzer Pfeffer**
1/2 TL **Stärkemehl** (am besten Maisstärke)

Reisnudeln 30 Minuten in kaltem Wasser einweichen (oder nach Packungsanweisung zubereiten) und gut abtropfen lassen. Alle Saucenzutaten gut verrühren und Sauce beiseitestellen.

3 Esslöffel des Öls in einer antihaftbeschichteten Pfanne bei mittlerer Hitze erwärmen. Nudeln dazugeben und zu einem Pfannkuchen mit ca. 25 Zentimeter Durchmesser formen. Diesen ca. 6 Minuten backen, bis die Unterseite goldgelb und knusprig ist. Wenden und auf der anderen Seite 3 bis 4 Minuten goldgelb backen. Von der Kochstelle nehmen und beiseitestellen.

Das restliche Öl im Wok erhitzen, Knoblauch darin 20 bis 30 Sekunden unter Rühren braten, bis er duftet. Garnelen und Ingwer zugeben und weitere 1 bis 2 Minuten rührbraten, bis die Garnelen rosa werden. Baby-Maiskolben, Möhre, Brokkoli und Frühlingszwiebeln zugeben und alles 2 Minuten rührbraten. Bohnensprossen untermischen, Sauce darübergießen und alles so lange garen, bis die Sauce andickt.

Zum Servieren den Reisnudel-Pfannkuchen achteln. Auf Portionsteller jeweils ein Pfannkuchenachtel legen, mit Gemüse-Garnelen-Mischung bedecken und ein weiteres Achtel darauflegen.

Eiernudeln mit Meeresfrüchten und Chilimus   2 Portionen

1 **Tintenfischbeutel**
200 g **dicke (chinesische) Eiernudeln**
2 EL **Pflanzenöl**
4 rohe **Riesengarnelen (King Prawns)**, geschält und ohne Darm, Schwänze ungeschält
8 **Jakobsmuscheln** (ohne Rogen)
75 g gehobelter **Weißkohl**
3 **Frühlingszwiebeln**, in 3 cm lange Stücke geschnitten
4 EL **Hühnerbrühe** (siehe S.14)
2 EL **Chilimus** (siehe S.109)
1 EL **dunkle Sojasauce**
1 Handvoll **Bohnensprossen**

ZUM SERVIEREN
1 Handvoll **Korianderblätter**
Limettenspalten

Den Tintenfischbeutel aufschneiden und die gallertartige Substanz darin gründlich abwaschen. Auf der Innenseite mit dem Messer auf der Oberfläche vorsichtig ein feines Gittermuster einritzen. Dann den Beutel in 1 x 2 Zentimeter große Rechtecke schneiden. Nudeln unter warmem Wasser spülen, um sie zu trennen, (oder nach Packungsanweisung zubereiten) und gut abtropfen lassen.

Öl im Wok so heiß werden lassen, dass es raucht. Garnelen, Muscheln und Tintenfisch darin 2 Minuten unter Rühren braten, bis die Meeresfrüchte fast gar sind. (Vorsicht: Brät man den Tintenfisch zu lange, wird er zäh!) Kohl, Frühlingszwiebeln und Nudeln unterheben und weitere 2 Minuten rührbraten. Brühe, Chilimus, Sojasauce und Bohnensprossen zugeben und noch einmal 2 Minuten rührbraten.

Die Nudeln auf Servierschalen aufteilen und mit Koriander bestreuen. Mit Limettenspalten servieren.

Reisnudeln mit Honig-Ingwer-Huhn

2 Portionen

3 EL **Pflanzenöl**
1/4 **Zwiebel**, in Scheiben geschnitten
1 **Knoblauchzehe**, fein gehackt
200 g **Hähnchenschenkel** (ohne Haut und Knochen), in dünne Streifen geschnitten
2 **Frühlingszwiebeln**, in 3 cm lange Stücke geschnitten
5 cm **frischer Ingwer**, in sehr feine Streifen geschnitten
1 TL **Fischsauce** (nach Belieben)
1 1/2 EL **helle Sojasauce**
1 EL **Honig**
1 Prise **Fünf-Gewürze-Pulver**
3 EL **Hühnerbrühe** (siehe S. 14)
1 **lange rote Chilischote**, entkernt und in sehr feine Streifen geschnitten
250 g **Reisnudeln** (2 cm breit)

ZUM SERVIEREN
1 kleine Handvoll **Korianderblätter**
1 Prise **frisch gemahlener schwarzer Pfeffer**
50 g **geröstete Cashewkerne**, grob gehackt (siehe S. 70)

Nudeln zum Weichwerden mit kochendem Wasser übergießen (oder nach Packungs-anweisung bissfest zubereiten). Abgießen, abschrecken und gut abtropfen lassen. 2 Ess-löffel des Öls im Wok bei starker Hitze sehr heiß werden lassen. Zwiebel und Knoblauch darin unter Rühren braten, bis sie duften. Hühnerfleisch zufügen und weitere 2 Minuten rührbraten. Frühlingszwiebeln und Ingwer zugeben und alles 1 Minute braten. Auf mittlere Hitze reduzieren, Fischsauce (falls gewünscht), Sojasauce, Honig, Fünf-Gewürze-Pulver, Brühe und Chili zugeben. Alles noch 2 Minuten schmoren, bis das Hühnerfleisch gar ist. Von der Kochstelle nehmen und beiseitestellen.

Wok reinigen und den restlichen Esslöffel Öl so heiß werden lassen, dass es raucht. Reisnudeln darin 1 bis 2 Minuten unter Rühren braten, bis sie gut gebräunt, aber nicht verbrannt sind. Hähnchenmischung wieder in den Wok geben und alles gut mischen.

Nudel-Hähnchen-Mischung in eine Servierschüssel umfüllen. Mit Koriander, Pfeffer und Cashewkernen bestreuen.

Reisnudeln mit Huhn, Meeresfrüchten und Schweinefleisch

2 bis 4 Portionen

2 EL **Pflanzenöl**

¼ **Zwiebel**, in dünne Ringe geschnitten

2 **Knoblauchzehen**, fein gehackt

50 g **Hühnerbrust** (ohne Haut und Knochen),
in dünne Streifen geschnitten

4 rohe **Riesengarnelen (King Prawns)**, geschält und
ohne Darm, Schwänze ungeschält

2 **Fischküchlein** (Fertigprodukt), in Scheiben geschnitten

50 g **gegrilltes Schweinefleisch**
(am besten **Char Siu**, siehe Tipp S. 42),
in dünne Streifen geschnitten

2 **Eier**, leicht verschlagen

250 g **Reisnudeln** (1 cm breit)

1 **Frühlingszwiebel**, in dünne Ringe geschnitten

1 Handvoll **Bohnensprossen**

SAUCE

1 EL **helle Sojasauce**

½ EL **Austernsauce**

1 EL **dunkle Sojasauce**

1 Prise **weißer Pfeffer**

ZUM SERVIEREN

1 kleine Handvoll **Korianderblätter**

Nudeln zum Weichwerden mit kochendem Wasser übergießen (oder nach Packungs-anweisung bissfest zubereiten). Abgießen, abschrecken und gut abtropfen lassen. Alle Saucenzutaten mischen und beiseitestellen.

Öl im Wok sehr heiß werden lassen. Zwiebel und Knoblauch darin braten, bis sie duften. Hähnchen und Garnelen zufügen und 2 Minuten braten, bis sie fast gar sind. Fischküchlein und Schweine-fleisch untermengen und noch 30 Sekunden rührbraten.

Das Ei hineingießen, Nudeln zugeben. Alles 1 bis 2 Minuten rührbraten, bis die Nudeln weich und die Eier gestockt sind. Frühlingszwiebel, Bohnensprossen und Sauce hineingeben und noch 1 Minute rührbraten. Zum Servieren das Nudelgericht in eine Servierschale umfüllen und mit Koriander bestreuen.

TIPP Fertige Fischküchlein finden sich im Kühlregal gut sortierter Asia-Feinkostläden. Wenn Sie keine bekommen, stattdessen die doppelte Menge Riesengarnelen verwenden.

Reisnudeln mit Rindfleisch und schwarzer Bohnenpaste 2 Portionen

150 g **Rump-** oder **Lendensteak**,
  in dünne Streifen geschnitten
3 EL **Pflanzenöl**
1/2 kleine **Zwiebel**, in dünne Ringe geschnitten
1 **Knoblauchzehe**, fein gehackt
1 EL **schwarze Bohnenpaste**
2 EL **helle Sojasauce**
8 **Zuckerschoten (Mangetout)**,
  in sehr feine Streifen geschnitten
6 **Baby-Maiskolben**, längs halbiert
3 EL **Hühnerbrühe** (siehe S.14)
250 g **Reisnudeln** (1 cm breit)

MARINADE
1 EL **dunkle Sojasauce**
1 TL **Shao Xing-Reiswein** (oder **trockener Sherry**)
1 Prise **Zucker**
1 Prise **frisch gemahlener schwarzer Pfeffer**

ZUM SERVIEREN
1 **Frühlingszwiebel**, in dünne Ringe geschnitten
1 kleine Handvoll **Korianderblätter**

Nudeln zum Weichwerden mit kochendem Wasser übergießen (oder nach Packungsanweisung bissfest zubereiten). Abgießen, abschrecken und gut abtropfen lassen. Marinadezutaten in einer Schüssel verrühren, bis der Zucker sich aufgelöst hat. Fleisch darin so lange wenden, bis es gut von Marinade überzogen ist. Im Kühlschrank 15 bis 20 Minuten marinieren lassen.

Öl im Wok sehr heiß werden lassen. Zwiebel und Knoblauch darin unter Rühren braten, bis sie duften. Steakstreifen zugeben und 1 Minute lang garen. Bohnenpaste, Sojasauce, Zuckerschoten, Mais und Brühe zugeben und noch 1 bis 2 Minuten rührbraten. Nudeln unterheben und so lange rührbraten, bis die Flüssigkeit fast ganz aufgenommen ist.

Zum Servieren die Nudeln auf eine Platte häufen und mit Frühlingszwiebel und Koriander garnieren.

Nudelpfanne Singapur

2 bis 4 Portionen

150 g **fadendünne Reisnudeln (Vermicelli)**
2 EL **Pflanzenöl**
1 **Knoblauchzehe**, fein gehackt
50 g **Hühnerbrust** (ohne Haut und Knochen), in dünne Streifen geschnitten
8 **rohe Garnelen (Shrimps)**, geschält und ohne Darm, Schwänze ungeschält
1 große **Frühlingszwiebel**, in 3 cm lange Stücke geschnitten
50 g **gegrilltes Schweinefleisch** (am besten **Char Siu**, siehe Tipp S. 42),
   in dünne Streifen geschnitten
½ kleine **Zwiebel**, in dünne Ringe geschnitten
1 **lange rote Chilischote**, entkernt und in feine Streifen geschnitten
1 Prise **Salz**
1 Prise **Zucker**
1–2 TL **Austernsauce**
2 TL **mildes Currypulver**
1 Handvoll **Bohnensprossen**

ZUM SERVIEREN
1 kleine Handvoll **Korianderblätter**
1 TL **geröstete Sesamsamen** (siehe S. 70)

Die Nudeln 30 Minuten in kaltem Wasser einweichen (oder nach Packungsanweisung bissfest zubereiten). Gut abtropfen lassen.

1 Esslöffel des Öls im Wok erhitzen, Knoblauch darin unter Rühren braten, bis er duftet. Hühnerfleisch, Garnelen und Frühlingszwiebel zugeben und 1 bis 2 Minuten rührbraten, bis Fleisch und Garnelen fast gar sind. Schweinefleisch zugeben und noch 1 Minute rührbraten. Gericht von der Kochstelle nehmen, in ein anderes Gefäß umfüllen und beiseite stellen.

Den gereinigten Wok sehr heiß werden lassen. Den restlichen Esslöffel Öl zufügen, Zwiebel darin unter Rühren braten, bis sie duftet. Chili, Salz, Zucker, Austernsauce, Currypulver und 2 Esslöffel Wasser zugeben, danach die Nudeln. Alles gut vermischen. Bohnensprossen und Garnelen-Huhn-Schweinefleisch-Mischung untermengen und alles noch 1 Minute rührbraten.

Zum Servieren Nudeln auf eine große Platte häufen, mit Koriander garnieren und mit gerösteten Sesamsamen bestreuen.

Malaysische Reisnudeln mit Garnelen und Schnittknoblauch

2 Portionen

150 g **fadendünne Reisnudeln (Vermicelli)**
Pflanzenöl zum Frittieren
80 g **fester Tofu**, in 2 cm lange Streifen geschnitten
12 **rohe Garnelen (Shrimps)**, geschält und
ohne Darm, Schwänze ungeschält
30 g **Schnittknoblauch** (oder **Schnittlauch**),
in 3 cm lange Stücke geschnitten
3 EL **Hühnerbrühe** (siehe S.14)
1 EL **Austernsauce**
1 EL **dunkle Sojasauce**
1 Handvoll **Bohnensprossen**

PASTE
2 **getrocknete lange rote Chilischoten**
1 **Knoblauchzehe**, abgezogen
1 Prise **Salz**

ZUM SERVIEREN
1 **hartgekochtes Ei**, geviertelt
1 kleine Handvoll **Korianderblätter**
1 EL **frittierte Schalotten** (siehe S.15)
Limettenspalten

Nudeln 30 Minuten in kaltem Wasser einweichen (oder nach Packungsanweisung bissfest zubereiten). Gut abtropfen lassen. Für die Paste Kerne und Stiele der getrockneten Chilis entfernen und die Schoten 10 Minuten in heißem Wasser einweichen. Abtropfen lassen und grob hacken. Chilis, Knoblauch und Salz im Mörser zu einer Paste verarbeiten und beiseitestellen.

Wok oder Fritteuse zu einem Drittel mit Öl füllen und auf 180°C erhitzen. (Ein Brotwürfel bräunt darin in 15 Sekunden.) Tofu 1 Minute lang goldgelb frittieren. Auf Küchenkrepp abtropfen lassen. Wok reinigen, dabei aber 2 Esslöffel des Öls zurückbehalten.

Das zurückbehaltene Öl im Wok erhitzen und die Paste darin braten, bis sie duftet. Garnelen zugeben und 1 Minute unter Rühren braten. Tofu, Schnittknoblauch und Nudeln zugeben und alles noch 1 Minute rührbraten. Brühe, Austernsauce und Sojasauce dazugießen und alles 30 Sekunden garen. Bohnensprossen zugeben und weitere 30 Sekunden rührbraten, bis die Garnelen gar sind.

Zum Servieren die Nudeln auf eine große Servierplatte häufen. Mit Eivierteln, Koriander und frittierten Schalotten garnieren und Limettenspalten dazuservieren.

Glasnudeln mit Hackfleisch

2 bis 4 Portionen

150 g **Hackfleisch vom Schwein**
1 EL **helle Sojasauce**
120 g **fadendünne Mungobohnen-Glasnudeln**
  (Vermicelli)
2 EL **Pflanzenöl**
2 **Frühlingszwiebeln**, fein gehackt

SAUCE
1 EL **Chili-Bohnenpaste**
1 EL **helle Sojasauce**
1 EL **Shao Xing-Reiswein** (oder **trockener Sherry**)
125 ml **Hühnerbrühe** (siehe S.14)

ZUM SERVIEREN
1 kleine Handvoll **Korianderblätter**

Hackfleisch mit der Sojasauce vermengen und beiseitestellen.

Glasnudeln 5 Minuten in heißem Wasser einweichen (oder nach Packungsanweisung zubereiten). Abtropfen lassen und mit der Küchenschere in kürzere Stücke schneiden. Saucenzutaten gut verrühren und beiseitestellen.

Öl im Wok bei starker Hitze so heiß werden lassen, dass es raucht. Hackfleisch darin unter Rühren anbräunen, Frühlingszwiebeln zugeben und ein paar Sekunden rührbraten. Sauce und Nudeln zugeben, auf mittlere Hitze reduzieren und alles 2 bis 3 Minuten garen, bis die Flüssigkeit fast aufgenommen ist. Mit Koriander garnieren und servieren.

Glasnudeln mit Krabbenfleisch
und Mu-Err-Pilzen 2 bis 4 Portionen

20 g **getrocknete Mu-Err-Pilze**
100 g **fadendünne Mungobohnen-Glasnudeln (Vermicelli)**
2 EL **Pflanzenöl**
1 **Knoblauchzehe**, fein gehackt
1 **lange rote Chilischote**
1 kleine **Möhre**, in sehr feine Streifen geschnitten
2 **Frühlingszwiebeln**, in 3 cm lange Stücke geschnitten
1 Handvoll **Bohnensprossen**
250 g **gekochtes Krabbenfleisch** (Fertigprodukt, siehe Tipp unten)

SAUCE
250 ml **Hühnerbrühe** (siehe S.14)
1–1½ EL **Austernsauce**
½ TL **Sesamöl**
½ TL **Zucker**
1 EL **helle Sojasauce**
1 EL **Shao Xing-Reiswein** (oder **trockener Sherry**)
1 Prise **frisch gemahlener schwarzer Pfeffer**

ZUM SERVIEREN
1 kleine Handvoll **Korianderblätter**

Pilze 20 Minuten in warmem Wasser weich werden lassen. Abtropfen lassen und in mundgerechte Stücke schneiden, harte Bestandteile dabei entfernen. Glasnudeln 5 Minuten in heißem Wasser einweichen (oder nach Packungsanweisung bissfest zubereiten). Abtropfen lassen und mit der Küchenschere in kürzere Stücke schneiden. Alle Saucenzutaten verrühren, bis der Zucker sich aufgelöst hat. Sauce beiseitestellen.

Öl im Wok so heiß werden lassen, dass es raucht. Knoblauch, Chili, Möhre und Frühlingszwiebeln darin unter Rühren braten, bis sie duften. Pilze und Nudeln zugeben und alles 1 Minute garen. Sauce, Bohnensprossen und Krabbenfleisch zugeben und alles noch 1 bis 2 Minuten garen, bis die Nudeln die Flüssigkeit fast ganz aufgenommen haben. Zum Servieren das Nudelgericht auf Portionsschalen verteilen und mit Koriander bestreuen.

TIPP Gekochtes Krabbenfleisch ist als Fertigprodukt in der Dose erhältlich. Sie können es durch gekochtes Krebs- oder Hummerfleisch oder durch die gleiche Menge roher Garnelen ersetzen. Geben Sie diese jedoch bereits mit den Mu-Err-Pilzen und Nudeln in den Wok.

Reisnudeln mit Rindfleisch und Choi Sum

2 bis 4 Portionen

1 EL **Shao Xing-Reiswein** (oder **trockener Sherry**)
1 EL **helle Sojasauce**
1 Prise **frisch gemahlener schwarzer Pfeffer**
200 g **Rumpsteak**, in feine Streifen geschnitten
150 g **fadendünne Reisnudeln (Vermicelli)**
3 EL **Pflanzenöl**
2 **Eier**, leicht verschlagen
100 g **Choi Sum** (oder **Mangold**), in 5 cm lange
Stücke geschnitten
1/2 **Möhre**, in sehr feine Streifen geschnitten
1 Handvoll **Bohnensprossen**
2 EL **Hühnerbrühe** (siehe S. 14)
1 EL **Austernsauce**

PASTE
1 **lange rote Chilischote**, entkernt und gehackt
2 **Knoblauchzehen**, zerdrückt
3 rote **asiatische Schalotten** (oder 1 große **rote Zwiebel**),
in Ringe geschnitten
1 Prise **Salz**

ZUM SERVIEREN
1 kleine Handvoll **Korianderblätter**

Alle Pastenzutaten im Mörser zu einer Paste verarbeiten und beiseitestellen.

Reiswein, Sojasauce und Pfeffer in einer Schüssel verrühren. Steakstreifen in der Marinade wenden, bis sie ganz davon überzogen sind. 30 Minuten im Kühlschrank marinieren lassen. Reisnudeln 30 Minuten in kaltem Wasser einweichen (oder nach Packungsanweisung bissfest zubereiten) und gut abtropfen lassen.

1 Esslöffel des Öls in einer antihaftbeschichteten Pfanne erhitzen. Die verschlagenen Eier gleichmäßig in der Pfanne verteilen und wie ein Omelett backen. Aus der Pfanne nehmen, nach dem Abkühlen aufrollen, in dünne Streifen schneiden und beiseitestellen.

Die restlichen 2 Esslöffel Öl im Wok erhitzen, Paste darin unter Rühren braten, bis sie duftet. Steakstreifen zugeben und 1 Minute rührbraten. Choi Sum und Möhre zugeben und 1 bis 2 Minuten braten, bis der Choi Sum bissfest gegart ist. Bohnensprossen zufügen und 1 Minute braten, dann die Nudeln zugeben und alles 1 weitere Minute rührbraten. Brühe und Austernsauce hineingießen und so lange rührbraten, bis die Nudeln die Flüssigkeit fast ganz aufgenommen haben.

Nudeln auf Portionsschalen aufteilen, mit Omelettstreifen bestreuen und mit Koriander garnieren.

Eiernudeln mit Huhn und Shiitake-Pilzen 4 Portionen

8 **getrocknete Shiitake-Pilze**
350 g **Hühnerbrust** (ohne Haut und Knochen), in dünne Scheiben geschnitten
3 EL **Pflanzenöl**
2 **Eier**, leicht verschlagen
200 g **dicke (chinesische) Eiernudeln**
1 **Knoblauchzehe**, fein gehackt
½ TL geriebener **frischer Ingwer**
2 **Frühlingszwiebeln**, in 3 cm lange Stücke geschnitten
1 Stange **Staudensellerie**, schräg in Scheiben geschnitten
1 Handvoll **Bohnensprossen**
2 EL **Hühnerbrühe** (siehe S.14)
2 EL **dunkle Sojasauce**
1 kleine Handvoll **Korianderblätter**

MARINADE
1 EL **Shao Xing-Reiswein** (oder **trockener Sherry**)
1 EL **helle Sojasauce**
1 Prise **frisch gemahlener schwarzer Pfeffer**

Pilze 20 Minuten in heißem Wasser einweichen. Abtropfen lassen, Stiele entfernen und Kappen in dünne Scheiben schneiden. Marinadezutaten in einer Schüssel verrühren, Hühnerfleisch in der Marinade wenden, so dass es gut überzogen ist, und im Kühlschrank 20 Minuten marinieren lassen.

1 Esslöffel des Öls in einer antihaftbeschichteten Pfanne erhitzen. Die verschlagenen Eier auf dem Pfannenboden verteilen und wie ein Omelett backen. Nach dem Abkühlen aufrollen, in dünne Streifen schneiden und beiseitestellen.

Nudeln unter warmem Wasser spülen, um sie zu trennen, (oder nach Packungs-anweisung zubereiten) und gut abtropfen lassen.

Die restlichen 2 Esslöffel Öl im Wok erhitzen. Das Hühnerfleisch darin 2 Minuten unter Rühren braten. Knoblauch und Ingwer zugeben und 1 Minute rührbraten, bis sie duften. Pilze, Frühlingszwiebeln, Sellerie und Bohnensprossen zugeben und 1 Minute lang garen. Nudeln zugeben und alles noch 1 Minute rührbraten. Brühe und Sojasauce zugeben und so lange rührbraten, bis die Nudeln die Flüssigkeit fast ganz aufgenommen haben. Koriander untermischen.

Nudelgericht auf eine große Platte häufen und mit den Omelettstreifen bestreuen.

REGISTER

Chiliessig (Grundrezept) 71
Chilimus (Grundrezept) 109
Chilimus, Eiernudeln mit Meeresfrüchten und 139
Chiliöl (Grundrezept) 71
Chilisauce, Hähnchen mit Reisnudeln
    und süßer 132
Chilisauce, Süße (Grundrezept) 108
Chinesischem Brokkoli, Jakobsmuscheln mit
    Eiernudeln und 131
Chinesischem Brokkoli, Reisnudelsuppe mit
    Hähnchen und 30
Chinesischer Nudelsalat mit Sesamdressing 90
Choi Sum, Reisnudeln mit Rindfleisch und 155
Curry Laksa mit Huhn und Riesengarnelen 33

Ei und frittiertem Tofu, Reisnudeln
    Pad Thai mit 120
Eiernudel-Combo mit Huhn, Garnelen und
    Schweinefleisch 127
Eiernudeln mit chinesischem Gemüse,
    Gebratene 112
Eiernudeln mit Entenbrust, Gebratene 115
Eiernudeln mit Huhn und Shiitake-Pilzen 156
Eiernudeln mit Meeresfrüchten und Chilimus 139
Eiernudeln mit Rindfleisch und Gemüse 123
Eiernudeln mit Rindfleisch, Pikante 135
Eiernudeln mit Teriyaki-Sauce, Hähnchen- 128
Eiernudeln und chinesischem Brokkoli,
    Jakobsmuscheln mit 131
Eiernudelsalat mit gegrilltem Rindfleisch 98
Eiernudelsalat mit Gemüse 78
Eiernudelsuppe mit Entenbrust und
    Shiitake-Pilzen 34
Eiernudelsuppe mit Fisch 65
Eiernudelsuppe mit Grillhähnchen 29
Entenbrust und Koriander, Nudelsalat mit 77
Entenbrust und Shiitake-Pilzen,
    Eiernudelsuppe mit 34
Entenbrust, Gebratene Eiernudeln mit 115
Entenfleisch-Wan-Tan, Nudelsuppe mit 46

Fisch und Meeresfrüchten, Scharf-saurer
    Nudeltopf mit 57
Fisch, Eiernudelsuppe mit 65
Fischbällchen, Nudelsuppe mit 49
Fischfilet aus Nordvietnam, Nudelsalat mit 85
Frittierte Schalotten (Grundrezept) 15

Garnelen und Gemüse, Reisnudel-
    Pfannkuchen mit 136
Garnelen und Kokosdressing, Reisnudelsalat mit
    Schweinefleisch, 97
Garnelen und Schnittknoblauch, Malaysische
    Reisnudeln mit 148
Garnelen und Schweinefleisch, Eiernudel-Combo
    mit Huhn, 127
Garnelen und Tintenfisch, Glasnudelsalat mit 86
Garnelen, Malaysische Nudelsuppe mit 25
Garnelen, Reisnudelsuppe mit
    Schweinefleisch und 62
Garnelen, Thailändische Nudelsuppe mit 58
Gebratene Eiernudeln mit chinesischem
    Gemüse 112
Gebratene Eiernudeln mit Entenbrust 115
Gebratene Reisnudeln mit Gemüse 124
Gemüse, Eiernudeln mit Rindfleisch und 123
Gemüse, Eiernudelsalat mit 78
Gemüse, Gebratene Eiernudeln
    mit chinesischem 112
Gemüse, Gebratene Reisnudeln mit 124
Gemüse, Knusprige Nudeln mit 119
Gemüse, Reisnudel-Pfannkuchen mit
    Garnelen und 136
Gemüsebrühe (Grundrezept) 109
Geröstete Kokosraspeln (Grundrezept) 70
Geröstete Nüsse (Grundrezept) 70
Geröstete Sesamsamen (Grundrezept) 70
Glasnudeln mit Hackfleisch 151

Glasnudeln mit Krabbenfleisch und
    Mu-Err-Pilzen 152
Glasnudeln, Hühnersuppe mit 37
Glasnudelsalat mit Garnelen und Tintenfisch 86
Glasnudelsalat mit Schweinefleisch, Minze und
    Ingwer 102
Glasnudelsuppe mit Hackfleischbällchen 26
Glasnudelsuppe mit Krabbenfleisch 22
Grillhähnchen, Eiernudelsuppe mit 29
Grillhähnchen, Nudelsalat mit 82

Hackfleisch, Glasnudeln mit 151
Hackfleischbällchen, Glasnudelsuppe mit 26
Hähnchen mit Reisnudeln und süßer Chilisauce 132
Hähnchen und chinesischem Brokkoli,
    Reisnudelsuppe mit 30
Hähnchen, Eiernudelsuppe mit Grill- 29
Hähnchen, Nudelsalat mit Grill- 82
Hähnchen, Nudelsuppe mit 50
Hähnchen, Pikante Nudelsuppe mit 61
Hähnchen, Soba-Nudelsalat mit 89
Hähnchencurry-Nudelsuppe 41
Hähnchen-Eiernudeln mit Teriyaki-Sauce 128
Honig-Ingwer-Huhn, Reisnudeln mit 140
Huhn und Ingwer, Pho Reisnudelsuppe mit 54
Huhn und Riesengarnelen, Curry Laksa mit 33
Huhn und Shiitake-Pilzen, Eiernudeln mit 156
Huhn, Garnelen und Schweinefleisch, Eiernudel-
    Combo mit 127
Huhn, Meeresfrüchten und Schweinefleisch,
    Reisnudeln mit 143
Huhn, Reisnudeln mit Honig-Ingwer- 140
Hühnerbrühe (Grundrezept) 14
Hühnersuppe mit Glasnudeln 37
Hühnersuppe mit Kokosmilch und Reisnudeln 53

Jakobsmuscheln mit Eiernudeln und chinesischem
    Brokkoli 131

Knusprige Nudeln mit Gemüse 119
Kokosmilch und Reisnudeln, Hühnersuppe mit 53
Krabbenfleisch und Mu-Err-Pilzen,
    Glasnudeln mit 152
Krabbenfleisch, Glasnudelsuppe mit 22
Kurz-Lang-Suppe mit Wan-Tan 45

Malaysische Nudelsuppe mit Garnelen 25
Malaysische Reisnudeln mit Garnelen und
    Schnittknoblauch 148
Meeresfrüchten und Chilimus, Eiernudeln mit 139
Meeresfrüchten und Schweinefleisch,
    Reisnudeln mit Huhn, 143
Meeresfrüchten, Scharf-saurer Nudeltopf mit
    Fisch und 57
Mu-Err-Pilzen, Glasnudeln mit
    Krabbenfleisch und 152

Nudeln Chow Mein, Rindfleisch- 116
Nudeln mit Gemüse, Knusprige 119
Nudelpfanne Singapur 147
Nudelsalat aus Zentralvietnam 101
Nudelsalat mit Entenbrust und Koriander 77
Nudelsalat mit Fischfilet aus Nordvietnam 85
Nudelsalat mit Grillhähnchen 82
Nudelsalat mit Sesamdressing, Chinesischer 90
Nudelsalat, Pikanter chinesischer 81
Nudelsuppe mit Entenfleisch-Wan-Tan 46
Nudelsuppe mit Fischbällchen 49
Nudelsuppe mit Garnelen, Malaysische 25
Nudelsuppe mit Garnelen, Thailändische 58
Nudelsuppe mit gegrilltem Schweinefleisch 42
Nudelsuppe mit Hähnchen 50
Nudelsuppe mit Hähnchen, Pikante 61
Nudelsuppe mit Rindfleisch, Sichuan 18
Nudelsuppe, Hähnchencurry- 41
Nudeltopf mit Fisch und Meeresfrüchten,
    Scharf-saurer 57
Nuoc Cham (Grundrezept) 71

Pho Reisnudelsuppe mit Huhn und Ingwer 54
Pho Rindfleischsuppe 21
Pikante Eiernudeln mit Rindfleisch 135
Pikanter chinesischer Nudelsalat 81

Räucherlachs, Somen-Nudelsalat mit 94
Reisnudeln mit Garnelen und Schnittknoblauch,
    Malaysische 148
Reisnudeln mit Gemüse, Gebratene 124
Reisnudeln mit Honig-Ingwer-Huhn 140
Reisnudeln mit Huhn, Meeresfrüchten
    und Schweinefleisch 143
Reisnudeln mit Rindfleisch und Choi Sum 155
Reisnudeln mit Rindfleisch und schwarzer
    Bohnenpaste 144
Reisnudeln Pad Thai mit Ei und frittiertem Tofu 120
Reisnudeln und süßer Chilisauce,
    Hähnchen mit 132
Reisnudeln, Hühnersuppe mit Kokosmilch und 53
Reisnudeln, Rindfleischtopf mit 38
Reisnudel-Pfannkuchen mit Garnelen
    und Gemüse 136
Reisnudelsalat mit Rindfleisch und Zitronengras 93
Reisnudelsalat mit Schweinefleisch, Garnelen und
    Kokosdressing 97
Reisnudelsuppe mit Hähnchen und chinesischem
    Brokkoli 30
Reisnudelsuppe mit Huhn und Ingwer, Pho 54
Reisnudelsuppe mit Schweinefleisch
    und Garnelen 62
Reispapierrollen 74
Riesengarnelen, Curry Laksa mit Huhn und 33
Rindfleisch und Choi Sum,
    Reisnudeln mit 155
Rindfleisch und Gemüse, Eiernudeln mit 123
Rindfleisch und schwarzer Bohnenpaste,
    Reisnudeln mit 144
Rindfleisch und Zitronengras,
    Reisnudelsalat mit 93
Rindfleisch, Eiernudelsalat mit gegrilltem 98
Rindfleisch, Pikante Eiernudeln mit 135
Rindfleisch, Sichuan Nudelsuppe mit 18
Rindfleisch-Nudeln Chow Mein 116
Rindfleischsuppe, Pho 21
Rindfleischtopf mit Reisnudeln 38

Sambal Oelek (Grundrezept) 15
Satay-Sauce, Scharfe (Grundrezept) 108
Scharfe Satay-Sauce (Grundrezept) 108
Scharf-saurer Nudeltopf mit Fisch
    und Meeresfrüchten 57
Schweinefleisch und Garnelen,
    Reisnudelsuppe mit 62
Schweinefleisch, Eiernudel-Combo mit Huhn,
    Garnelen und 127
Schweinefleisch, Garnelen und Kokosdressing,
    Reisnudelsalat mit 97
Schweinefleisch, Minze und Ingwer,
    Glasnudelsalat mit 102
Schweinefleisch, Nudelsuppe mit gegrilltem 42
Schweinefleisch, Reisnudeln mit Huhn,
    Meeresfrüchten und 143
Shiitake-Pilzen, Eiernudelsuppe mit
    Entenbrust und 34
Shiitake-Pilzen, Eiernudeln mit Huhn und 156
Sichuan Nudelsuppe mit Rindfleisch 18
Soba-Nudelsalat mit Hähnchen 89
Somen-Nudelsalat mit Räucherlachs 94
Süße Chilisauce (Grundrezept) 108

Tamarindensaft (Grundrezept) 14
Teriyaki-Sauce, Hähnchen-Eiernudeln mit 128
Thailändische Nudelsuppe mit Garnelen 58
Tintenfisch, Glasnudelsalat mit Garnelen und 86
Tofu, Reisnudeln Pad Thai mit Ei und frittiertem 120

Wan-Tan, Kurz-Lang-Suppe mit 45
Wan-Tan, Nudelsuppe mit Entenfleisch- 46

DANKSAGUNG

Ein herzliches Dankeschön an Kay und Juliet für die Idee zu diesem Buch und ihre Anleitung sowie an Amanda, die mich ermutigt hat, mein erstes Buch *Blue Ginger* und jetzt dieses hier zu schreiben. Ich danke Paul und Kim für die redaktionelle Unterstützung, Lauren für das wunderschöne Buchdesign, Katy, Ross und Wendy für das Überprüfen aller Rezepte und die Ideen zum Anrichten, Gorta und Vanessa für ihre wunderbaren Fotos und das Foodstyling und allen Leuten, die außerdem noch bei der Entstehung dieses Buches mitgewirkt haben.

Ein besonderer Dank gilt meinem Geschäftspartner Michael und seiner Frau Paula für ihre Ermutigung, die stets zum richtigen Zeitpunkt kam, und den Teams in meinem Restaurant *Blue Ginger* und in der *Bar Asia* für ihre tatkräftige Unterstützung: Leute, ohne euch hätte ich das nie geschafft!

Und natürlich danke ich Mum und Dad für ihre Liebe, Unterstützung und ihren weisen Rat.

Über den Autor:
Les Huynh, leidenschaftlicher Gourmet, ist Selfmade-Koch. Seine Rezeptideen verbinden die gesamte asiatische Küche mit westlichen Geschmacksvorlieben. Er arbeitet seit über 30 Jahren in der Gastronomie und ist erfolgreicher Betreiber von Restaurants in Adelaide und Sydney.

1. Auflage
© 2016 by Bassermann Verlag, einem Unternehmen der Verlagsgruppe Random House GmbH, Neumarkter Str. 28, 81673 München
© der deutschen Erstausgabe 2007 by Südwest Verlag, einem Unternehmen der Verlagsgruppe Random House GmbH, 81673 München

© der englischen Originalausgabe:
Copyright © 2006 by Murdoch Books Pty Limited, Australia
Originaltitel: Takeaway. Noodle Soups, Salads and Stir-Fries

Redaktionsleitung: Susanne Kirstein

Redaktion der Originalausgabe: Kim Rowney, Katy Holder

Übersetzung und Redaktion der deutschen Ausgabe: Stefanie Schaeffler, München

Redaktion dieser Ausgabe: Birte Schrader

Artdirektion: Vivien Valk

Designentwurf und Layout: Lauren Camilleri

Umschlaggestaltung der deutschen Ausgabe: Atelier Versen, Bad Aibling

Fotografie: Gorta Yuuki

Styling: Vanessa Austin

Foodstyling: Ross Dobson, Wendy Quisumbing

Satz der deutschen Ausgabe: Andreas Rimmelspacher, Murnau

Druck und Bindung: Druckerei Theiss, St. Stefan im Lavanttal
Printed in Austria

ISBN: 978-3-8094-3498-6